社会科「個別最適な学び」授業デザイン

宗實 直樹 著

Naoki Munezane

実践編

JN032804

明治図書

　そもそも「個別最適な学びとは何か？」という問いからのスタートでした。答申や指導要領，関係書籍を読み漁り，自分なりに解釈し，実践を繰り返しました。実践しては悩み，また考え実践する。それの繰り返しでした。

　そういう意味で，本書は「挑戦の書」と言っても過言ではありません。実践したことをまとめていくと，膨大な量となりました。はっきりと分けることは難しいですが，便宜上〈理論編〉と〈実践編〉の２冊に分けました。本書はその〈実践編〉となります。

　本書では，６年生の単元まるごと３本を紹介します。実践の具体内容はもちろん，実践して見えたよさや課題もできるだけ具体的に説明します。子どもが学ぶ様子や子どものふり返りも詳細に紹介し，それらを私がどう解釈したのかも記しています。そのあたりをもとに，子どもがどのような学びを進めたのかを読み取っていただけると幸いです。

　第１章では，「『社会科×個別最適な学び』授業づくりの基礎基本」として，〈理論編〉をダイジェスト版として紹介します。〈理論編〉からの橋渡し的な章となります。

　第２章は，単元まるごとの実践記録です。実践内容は，すべて自己決定的な学習で，次の３つのモデルを提案します。

・自由選択的な学習モデル（６学年「室町文化と力をつける人々」）
・事例選択的な学習モデル（６学年「全国統一への動き」）
・課題設定的な学習モデル（６学年「江戸の文化と学問」）

　それぞれ，次のような構成で進めています。

(1)教材研究と単元デザイン
(2)授業展開モデル
(3)「社会科×個別最適な学び」成功のポイント

　(1)では，単元における教材研究について説明します。個別最適な学びを進

めようと思えば教師の教材研究が欠かせません。単元の目標と留意点につい
て端的に述べます。(2)では，子どもの学習の様子がわかるように写真や子ど
ものふり返りと共にできる限り詳細に記述しています。(3)では，実践をして
気づいたこと，新たに考えたことを記しています。例えば，「教師の出方」
「子どもの授業分析」「仮説を立てること」などです。これらは，〈理論編〉
とも大きく重なる部分が出てくるので，合わせてお読みいただければ幸いで
す。

　第3章では，「自律的な学習者を育てる手立てと教師の役割」と題して，
3つの実践を通して考えたことを説明します。社会科という学習の中で，自
律的な学習を進めるポイントと，その際の教師の役割，教材論の大切さにつ
いて説明します。

　本書の実践は，別冊の〈理論編〉で論じたことをベースに，指導の個別化，
学習の個性化を意識した実践です。「個別最適な学び」の学習イメージの一
端をつかんでいただけると思い，この3つの実践を取りあげました。ただ，
ここで紹介する実践が必ずしも「よい」実践とは考えていません。あくまで
も1つの参考資料です。実践記録を読むことで感じること，見えてくること，
話したくなることがあるはずです。
　「この考えは自分の考えと合っているな」
　「この方法は真似してもいいな」
　「ここをもう少し議論したい」
くらいの感覚でお読みください。
　本書が読者の皆様の実践のヒントやアイデアのもとになり，「個別最適な
学び」を考える上での議論や対話のきっかけとなれば幸いです。

                                          宗實　直樹

目　次

はじめに

自律的な学習者を育てる手立てと教師の役割

「社会科×
個別最適な学び」
授業づくりの
基礎基本

1

「社会科×個別最適な学び」 授業づくりの基礎基本

本書は〈実践編〉となっています。ここではまず，別冊の〈理論編〉でも紹介した「個別最適な学び」についての概略を記していきます。

1 | 資質・能力を育成することが目的

「個別最適な学び」と「協働的な学び」を一体的に充実させ，主体的・対話的で深い学びを実現し，子どもの資質・能力を育成することが目的です。

資質・能力の育成が，持続可能な社会の形成や各個人の豊かな人生につながります。社会科では，「広い視野に立ち，グローバル化する国際社会に主体的に生きる平和で民主的な国家及び社会の有為な形成者に必要な資質・能力」を育成するための手段として捉えることができるでしょう。

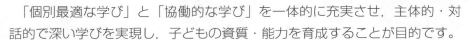

資質・能力の育成

↑

主体的・対話的で深い学びの実現

↑

個別最適な学びと協働的な学びの
一体的な充実

社会科授業のポイントを一言で表すと，

「社会的な見方・考え方」を働かせて問題解決的な学習を行い，概念
等の知識を獲得すること

だと考えます。

　つまり，子どもたちが「社会的な見方・考え方」を働かせて問題解決的な学習を行い，概念等に関わる知識を獲得するための手段としての「個別最適な学び」と「協働的な学び」です。

2 ｜ 「個別最適な学び」と「協働的な学び」

　「個別最適な学び」とは，「個に応じた指導（指導の個別化と学習の個性化）」を学習者の視点から整理した概念です。そこには「指導の個別化」と「学習の個性化」が含まれます。
　次のように整理しました。

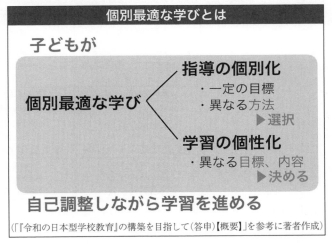

個別最適な学びとは

子どもが

個別最適な学び ─┬─ **指導の個別化**
　　　　　　　　　　　・一定の目標
　　　　　　　　　　　・異なる方法
　　　　　　　　　　　　　▶選択
　　　　　　　　　　└─ **学習の個性化**
　　　　　　　　　　　・異なる目標、内容
　　　　　　　　　　　　　▶決める

自己調整しながら学習を進める

（「『令和の日本型学校教育』の構築を目指して（答申）【概要】」を参考に著者作成）

　「指導の個別化」は，学ぶべき事柄が指導にあたる側の人間ににぎられている場合に用いている概念です。基礎的な学力の定着をめざす領域です。一定の目標を学習進度等に応じ異なる方法で学びます。目標は同じですが，それぞれが違った方法で学習を進め，学習方法について自己調整を進める必要があります。「進度差」や「到達度差」など，量的な個人差を踏まえた指導と捉えることができます。キーワードは「選択する」ことです。
　「学習の個性化」は，学習者が学習活動の決定に，なんらかの形で参加している場合に用いている概念です。学習者の個性あるいは特質の伸長をめざす領域です。それぞれ異なる目標について興味・関心に応じて学びます。それぞれ目標や学習内容が違い，学習を広く進めていきます。課題設定や学習計画，学習評価等，学習内容について自己調整を進める必要があります。

「学習スタイル差」や「興味・関心差」「生活経験差」など，質的な個人差を生かす指導と捉えることができます。キーワードは「決める」ことです。

　子どもが学習方法を選択すること，子どもが学習する目標，内容を決めること等，主語を「子ども」にし，子どもが自分で学習を進めているという意識を持たせることが重要です。

「指導の個別化」と「学習の個性化」		
	指導の個別化 方法概念	学習の個性化 目標概念
目的	学習目標をすべての子どもに達成させ、基礎的学力を定着させること	子どもの興味・関心に基づき、特性や個性を育成すること
個人差	**量的**な個人差 ・進度差 ・到達度差 **個人差を踏まえた指導**	**質的**な個人差 ・学習スタイル差 ・興味・関心差 ・生活経験差 **個人差を生かす指導**
学習 モデル	自由進度学習 習熟度別学習 完全習得学習	順序選択学習 課題選択学習 課題設定学習

（安彦忠彦(1980)『授業の個別指導入門』，水越敏行(1988)『個別化教育への新しい授業』を参考に著者作成）

　「個別最適な学び」を考える上で，次のような指摘もされています。

> 　「個別最適な学び」が「孤立した学び」に陥らないよう，これまでも「日本型学校教育」において重視されてきた，探究的な学習や体験活動などを通じ，子供同士で，あるいは地域の方々をはじめ多様な他者と協働しながら，あらゆる他者を価値のある存在として尊重し，様々な社会的な変化を乗り越え，持続可能な社会の創り手となることができるよう，必要な資質・能力を育成する「協働的な学び」を充実することも重要である。
>
> （下線筆者）

　「個別最適な学び」と「協働的な学び」は一体的に充実されるものであり，切り離すことはできません。

3 | 「個別最適な学び」を実現する14の勘所

　別冊の〈理論編〉では，第２章に「『個別最適な学び』を実現する14の勘所」として，次の14点を挙げました。

　1　発想の転換

　2　「個」をさぐること

　3　単元の授業デザイン

　4　「問い」の吟味

　5　学習の複線化

　6　学習形態の工夫

　7　学びのユニバーサルデザイン（UDL）

　8　学びの自己調整

　9　学習評価

　10　非認知能力

　11　ICT 端末の活用

　12　学習材の工夫

　13　学習環境

　14　学級の支持的・自治的風土

以下，それぞれを簡単に説明します。

1　発想の転換

　子どもは教えられる存在ではなく子どもは学ぶ存在であると捉える「子ども観」の転換や一斉学習がすべてではないと捉えることなど，今まで持っていた「あたり前」を疑うことの重要性について述べています。

　「個別最適な学び」を考える上で重要となる，様々な「発想」や「観」を転換していく必要性について述べています。

2 「個」をさぐること

「個別最適な学び」は、主語を子どもにして学習を考えることです。一人ひとりの学びを見取り、一人ひとりの子どもに応じてきめ細かく指導することです。よりよく「子ども理解」を進めるための「教師の記録」と「子どもの記録」について述べています。

3 単元の授業デザイン

単元を「一斉授業」と「個別学習」でデザインする重要性について述べています。具体実践として、「単元表」を用いた実践を紹介しています。

また、「個別学習」での教師の役割や、一斉授業と個別学習の見極めのポイント等も詳述しています。

4 「問い」の吟味

社会科の本質である、「社会的な見方・考え方」を働かせて問題解決的な学習を進める際のポイントを述べています。子ども自身が「問い」と、そこから導き出される「知識」を意識することや、知識を明示的に示すことの重要性についても述べています。

5 学習の複線化

北俊夫が提唱した「学習の複線化」についての説明と、「学習の複線化」を成功させるポイントについて述べています。

6 学習形態の工夫

子ども一人ひとりを生かした「個別最適な学び」を保障するために、子どもたちの間に存在する個人差に注目し、一斉授業にあらわれる「同一性」を個人差で置き換えていく必要性について説明しています。「単元内自由進度学習」や「個性化を意識した学習」、「自己決定的学習」などを紹介しています。その具体的実践は、本書で紹介します。

7　学びのユニバーサルデザイン（UDL）

　「個別最適な学び」と親和性の高い UDL の概要と，UDL 授業の重要なポイントについて説明しています。また，授業のユニバーサルデザイン（授業UD）と UDL の共通点や違いを探ることを通して，個別最適な学びを実現するために必要な理念や方法について説明しています。

8　学びの自己調整

　「自己調整」や「自己学習」という概念が生まれた背景と，子どもたちが自己調整しながら学びを進めることの重要性について述べています。

　また，子どもたちが自律的に学習を進めるようになるためのポイントや，子どもの学び方についても説明しています。

9　学習評価

　「思考力，判断力，表現力等」や「学びに向かう力，人間性等」，見えにくいものを「見取る」方法と，評価規準作成のポイントについて述べています。

　また特に，自己評価の意義や自己評価に関する研究等，「自己評価」の重要性について詳述しています。

10　非認知能力

　子どもの学習を支える非認知能力についての説明と，非認知能力を育むためのポイントについて述べています。

　また，非認知能力を向上させるために重要視されている「ふり返り」についての説明と，その上達方法について詳述しています。

11　ICT 端末の活用　1人1台端末

　個別最適が言われるようになった背景の1つに GIGA スクール構想があります。「1人1台端末」が促進する「個別の学習」や「協働的な学び」についての具体を述べています。

「1人1台端末」によって実現される可能性，飛躍する個別最適な学びのあり方についても述べています。

12　学習材の工夫

　子どもたちが自律した学びを進める際に，学習材の存在が大きな役割を果たします。過去の優れた書籍を紹介しながら，「学習環境」と「学習材」に特化して説明しています。

13　学習環境

　学習環境とは，創造的で探究的な価値のある物的・人的環境のことを言います。教材はもちろんのこと，教師と子ども，子どもと子どもとの人間関係，相互作用からなる雰囲気をも含めた環境一般をさします。これらの学習環境が子どもたちに与える影響について説明しています。

14　学級の支持的・自治的風土

　個別最適な学びを実現させるための学級集団のあり方について説明しました。学習集団育成の手順，教師のリーダーシップの重要性や子ども同士をつなげる方法などについて述べています。

　個別最適な学びと協働的な学びを捉える上で，重要だと考えるポイントを14に絞って述べています。理論だけではなく，できるだけ具体的に伝わるように説明しています。

　本書と合わせて読んでいただけると，ここでの実践がどのような背景や考え方を持って生まれたのか，より理解していただけると思います。また，別冊の〈理論編〉で述べていることの具体が本書の実践の中に多くあらわれています。

「社会科×
個別最適な学び」
自己決定的
学習モデル

1 教材研究と単元デザイン

❶単元デザイン

教材研究として右図のような単元デザインを考えました。子どもたちは自由選択的に学習を進めますが，その分教師は何がポイントなのか，何を捉えさせたいのかをしっかりと把握しておく必要があります。

本単元の目標は，

禅宗の影響	書院造り 付書院 畳 障子 ちがい棚	他の文化との違い 王朝文化との比較	

かけじく　枯山水　　　差別されてきた人の技術

茶の湯　水墨画　　　　　　　　　　　舞台芸術　　　　　　平安末期の今様
京都の貴族たちの文化　武士の文化
平安文化（上品さ）＋鎌倉文化（力強さ）　　　能　狂言
文化に特色がある　　　　祭り　盆踊り　田楽　猿楽
　　　　　　　　　　　　くらしから生まれた文化
■室町文化はどのような文化だったのか？　特色

室町文化はなぜ現代まで受け継がれているのか？

■室町文化はどのように受け継がれてきたのか？　継承　移り変わり

祇園祭　継承する人がいた　　　　　　足利義満・義政が文化を育てた
町衆　　　　　　　　　　　　　　　日明貿易　　　応仁の乱 政治はだめ
　　　　　　受け継ぐ人　　　　政治的安定（南北朝の統一）　文化への理解があった
　　　　　　　　　　　　　　　　文化の発展は常に地位の高い人達の保護によって発展
　　　　観阿弥・世阿弥
　　　　千利休（茶の湯）　　町衆　経済力のある町衆が芸能・文化に積極的に関与

　　　　野村萬斎

○京都の室町に幕府がおかれた頃の文化について，世界遺産である金閣や銀閣などの建造物や雪舟の水墨画などの文化作品に着目して，その文化の特色を捉えられるようにすること。
○現代日本の生活様式と比較しながら関連づけて考え，今日の生活文化につながる室町文化が生まれ，継承されてきたことを理解できるようにすること。

です。

さらに，室町文化が現代まで受け継がれている理由について追究する中で，次の点を捉えさせたいと考えました。

・室町文化の特色や，継承されてきた背景などが見えるようにすること。
・経済力のある町衆が芸能・文化に積極的に関与したことや，差別されてきた人の技術が生かされてきたこと。
・文化の発展は政治的安定の中，常に地位の高い人たちの保護によって発展しているということ。
・文化についてそれぞれの時代の特色を比較しながら見ていくという視点を獲得させること。

　以上の４点は，本小単元だけでなく，他の単元でも生かすことができる見方や考え方です。「文化史」を見ていく視点を獲得させたいと考えました。

❷学習方法と教師の支援

　全員で「単元の問い」をたてた後，「自分の問い」もたてます。問いをたてた後は，学ぶ材，人，場所は基本的に自分で選択して自由進度的に学びます。

　教師は，問いの解決に対して必要な支援としての足場かけを用意します。例えば，子どもの学習状況に応じて必要な問いを提示したり，他の子どものふり返りを共有したりすることです。

　詳細は，次頁から説明します。

第1時

和室の写真を提示します。

（株式会社梶本銘木店（世界の優良銘木展示場））

子どもたちにこのような部屋を見たことがあるかを問います。

C 「和室だ」

C 「おじいちゃん，おばあちゃんの家にある」

C 「私の家の中にもあるよ」

C 「どこかの記念館へ行った時に見たよ」

など，様々な反応が返ってきます。

何が見えるかを問うと，

「畳」「障子」「掛け軸」「棚」などが返ってきます。

東求堂の和室を提示し，比べさせます。

C 「ほぼいっしょだ」

この和室の原型が，500年前の室町時代に生まれた文化であることを伝えます。

18

500年も前から続いていることに子どもたちは驚きます。

子どもの驚きをもとに，学習問題を設定します。

> なぜ室町文化は現在まで受け継がれているのか？

この学習問題を解決するには何を調べる必要があるかを子どもたちに問いました。

C 「室町文化はどんなものだったのか？」

C 「どのように受け継いできたのか？」

C 「どんな人物が活躍したのか？」

C 「どのような時代背景があったのか？」

などが返ってきました。

子どもたちと相談しながら，

> ①室町文化はどのようなものだったのか？
>
> ②室町文化はどのようにして受け継がれてきたのか？

大きくこの２つを調べていくことになりました。

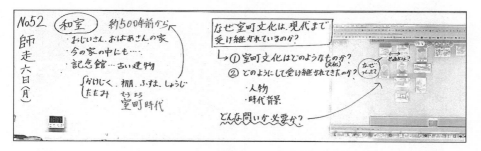

そこで，子どもたちに次のような絵図資料を手渡しました。

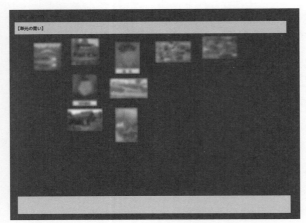

その後，各個人，単元の問いを解決するためにはどんな問いが必要なのかを考え，ロイロで「自分の問い」をたてていきました。ここでのポイントは，「単元の問い」と「自分の問い」の関係を考えることです。「単元の問い」と「自分の問い」とのつながりや必然性を吟味することで，より深まりのある学習になります。

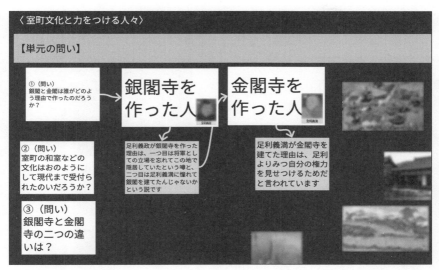

〈室町文化と力をつける人々〉

【単元の問い】

① (問い)
銀閣と金閣は誰がどのよう理由で作ったのだろうか？

銀閣寺を作った人 足利義政

金閣寺を作った人 足利義満

② (問い)
室町の和室などの文化はおのようにして現代まで受付られたのだろうか？

足利義政が銀閣寺を作った理由は、一つ目は将軍としての立場を忘れてこの地で隠居していたという噂と、二つ目は足利義満に憧れて銀閣を建てたんじゃないかという説です

足利義満が金閣寺を建てた理由は、足利よりみつ自分の権力を見せつけるためだと言われています

③ (問い)
銀閣寺と金閣寺の二つの違いは？

　本時の最後に子どもたちがたてた問いをロイロの提出箱に提出させます。子どもたちの問いを一覧で見ながら，「単元の問い」との関連を考えました。
　「次の時間から，みんなが提出した問いをもとに1時間ずつ問いを解決していきましょう。もちろん，同時進行で，自分自身の問いについても解決していけるようにしましょう」
と声をかけました。

第2時

　「室町文化はどのようなものだったのか？」について追究していきました。
　具体的に本時は，子どもが提出した問いをもとに，
　「金閣と銀閣から見えてくるものは何か？」
　「書院造とはどのようなものか？」
という問いで追究を進めました。
　自席で学習を進める子，板書をし

ながら学習を進める子，友達と相談しな
がら学習を進める子，それぞれです。

　基本は個人で追究していきますが，必
要に応じて協働的に学んでいくという形
です。今は１人１台端末環境が実現して
いるので，それぞれの考えも共有しやす
くなっています。例えば，ある子がまと
めた思考ツールを AirDrop で他の子に送ったり，ロイロの提出箱に提出し
た考えを全員で共有したりできます。空間的な距離があっても学び合える環
境ができています。

　最終的に，子どもたちが書いた板書は次のようになりました。

授業後の子どものふり返りで,

　「授業を通して板書隊（Ａさん，Ｂさん，Ｃさんたち）が書いてくれてよくわかりました。このような授業は僕のようにわからない人にもわかるようにできるのでいいと思います」

と記していた子がいました。

　そのことを板書してくれた子に伝えました。笑顔を返してくれました。板書をしている子は，それが他の子の参考になっていることに効力感を感じているようです。

　学習の最後の５分間は，自席に戻り，１時間のふり返りをするようにしています。

　ふり返りの視点は,

・見えないもの（意味や特色）

・友達との関わり（名前）

・自分の学び方

・＋α

を中心に書くことを伝えました。「学習内容」と「学習方法」について書くためです。

　本時の授業の最後に子どもたちに「書けそうですか？」と訊いたところ，「まだ書けないです」「まだ見えるものだけです」という声が返ってきました。

　今回は時間が足りないということで，今回の学習を行っての学びや感想を簡単に書くようにしました。

　以下が，その内容の一部です。

　「今日の授業の仕方はとてもよかったと思います。室町の文化のことなども細かく知れたし，みんなの意見が取り入れやすくて，学びやすいと思います。こういう方が，私はやり方として好きだし，得意な人に訊けるので，いいと思います」

「私が今日の社会を通して気づいたことは，みんながどんな意見を持っているかです。

先生が出した問いではなく，みんながたてた問いをホワイトボードに書くのはその人もみんなと考えられるし，他の人もそれに対していろんな考えを持てるのでいいと思いました」

「今日は社会で自由度の高い授業をしました。自分的にはまずは情報をたくさん知ってから学んだ方がよい授業ができるので，今日の授業はよかったです」

「私は，今日この室町文化を学んで，いつもよりいろんな意見が出たり，いろんな問いが出たりして，とても学びが深まったと思います。あと，そこに自分の意見とか調べたことをつけ足すことができるのでとてもいいなと思いました」

12／10（金）
今日は初めてあのように自由度高めな感じで授業を進めました。「室町文化についてしらべたときに義満は金閣を建てた他に何をしたのか？」という問いで僕は前に日明貿易と書きました。そこで思ったことは自分で書いて皆んなにその情報を共有すると自分も理解を深めることができて，友達にも情報を共有できて一石二鳥で，これはやってみないとわからないことだったので良かったです。
学んだこと
・金閣は3階建で1番上に鳳凰があってそれは，義満を表している。
・義政はなぜ銀閣をつくったのか？
　義満に憧れていたから。
　将軍としての立場を捨てて隠居したから。
・書院造り
→現代和室の原型
僕は金閣の鳳凰にびっくりしました。やっぱり1番上に偉い人が来るんだな〜と実感しました。

満足度は高かったようです。ただ，やはり学習進度の差があるため，1時間の授業の中で「本時の問い」が解決できていない子がいることは課題でした。

本時の冒頭に，前時の子どもたちのふり返りをいくつか紹介しました。

○自分の学びがどこまで進んだか捉えている点

> 室町幕府の代表的な金閣寺は，
> 全ての階が違う造りになっていて，
> 金ぱくが全体的に使われていて，
> 権力を見せつけているのかもしれないし
> 他のものもあるかもしれない。
> それに対する銀閣寺も含めた足利義政は
> 現代に伝わるものを作り，今にも伝わっている。
> そこで思いついた問いは，金閣寺と銀閣寺の違いはど
> んなものとつながっているのだろうか？
> というものです。（そこで終わりました）

　自分がどこまでできた
のかを押さえることは重
要です。それが自分でわ
かっていると次につなげ
ることができます。自分
の学習状況の把握が重要
であることを伝えました。

○ふり返りの視点のモデルとして

〔今日の社会の振り返り〕

見えないもの
今日は、室町文化で有名な、足利義満と足利義政を調べました。
それぞれ、義満は金閣寺、義政は銀閣寺を建て、私が追究したのは、金閣寺は三階建てで、銀閣寺は二階建てなことに意味があるのかということです。
意味は、それぞれの内装が異なっていて、義満は、仏像などを飾る場所→仏教を大切にしていた
義政は、武士などの部下を大切にしていたということがわかってきます。
さらに、義満は、自分の地位が高いことを思って、いろいろな人に、金閣寺を作るのを手伝わせて、派手な構造にしましたが、義政は、日本風の落ち着いた雰囲気を出している建物を建てました。
そういうことから、それぞれの人格がわかってきました。

友だちとの関わり
今回は、そんなに、人との交流はしていないけれど、みんなが書いている板書がいいなと思いました。
それぞれの面白い意見が自由に書けているので、どんどん話題が広がっていくところがみんなの学習になると思いました。

自分の学び方
今回の私の学び方は、資料集に書いてある、足利義満と足利義政の人格を書き、自分で作った、銀閣寺と金閣寺の問いを考えていきました。
iPadで、単元表をまとめたり、書き足したりして、ノートも単元表も書き加えられました。

私は、今回の学習で、足利義満と足利義政の人格としたこと、書院造りがどういうものなのかを知りました。
今度からは、全体的な鎌倉から室町文化へ平安で初めて生み出された、カナ文字などの日本独自の文化とどういう点が変わり、より日本独自の文化が発展していったかの比較をして行きたいと思いました。
＋α

前時に示したふり返りの視点がすべて書かれていることを評価しました。特に，目に見える事実だけでなく，目に見えない意味や特色まで見出すことができたかを再度確認しました。

○問題点の克服について考える点

今日の社会の感想
今日は自分達で自由に未来を見て進む，新しい，僕的にはすごく興味深い授業を受けることが出来ました。個人個人が独立して真剣に調べたり，前のホワイトボードに三人ほどで調べあって授業を進める（？）感じがすごく授業をみんなが重視している感じがしてすごくよかったです。これからもこのような授業を進めてください!!!　僕的にはすごくよくて，一般的なかたちよりは未来が読めて楽しかったです。しかし，個人の問題が大きいので，個人個人の差が圧倒的に大きくなってしまうところはデメリットです。そういうところも何か対策をしてやっていかなければいけないと思いました!!!

　この子が書いている「個人差が圧倒的に大きくなってしまう」というデメリットを克服するためにはどうしたらいいのかを子どもたち全員に問いかけました。「どうしたらいいと思う？」と訊くと，「何人かといっしょに学び合えばいい」という声が返ってきました。困っていそうな子がいたら声をかける。困っていたら助けを求める。これらを遠慮なく協働的にできるようになることが望ましいということを確認しました。

　本時は雪舟の墨絵を取りあげ，
　「なぜ雪舟の墨絵はすぐれた文化だと言われているのか？」
という問いを中心に追究していきました。

今回は，席を動かしてグループをつくりながら学びを進めている様子が見られました。

グループで学習を進めていても，全員が同じことをしているのではありません。ノートに書いて整理したり，ロイロの思考ツールを使ってまとめたり，それぞれです。いいものができた時はそれを共有していました。例えば，次のようなものです。友達からもらったアイデアに新しく自分でつけ足していくようにアレンジしていました。

常に話し合っているというよりも，必要に応じて話し合う機会をつくっているという感じです。

「自分の問い」に対する答えを探して動画で確認している子もいます。次頁左の写真の子は１時間自席で追究していました。

　前に出てきて板書されたものを見て確認している子もいます。確認した後は自席に戻って追究を進めていました。

　毎回，最後の5分間は自席でふり返りを書く時間です。

　協働的に学び合っても，最後は個人の時間に戻すようにしています。

〔今日の社会のふりかえり〕

今日は、室町時代の中でも、雪舟を調べました。

雪舟は、中国から（墨絵）を学び、日本独自の文化である「書院造」に飾ってある掛け軸などに書かれていました。

今日の問いの、「なぜ雪舟の絵は優れた文化と言われているのか？」という問いには、雪舟は、大陸の、文化を取り入れて、日本文化と、合わせたことによって、優れた文化だと言われていたと考えられます。

もう一つ私は、問いを作っていて、平安時代、室町時代という、日本文化が一番発達していた時期では、どのような違いがあるのか？という問いを調べました。

その問いの答えは、平安時代は、唐との交流がなくなってしまったので、日本が始めたという解釈ができるけれど、室町時代は、雪舟などが日本、中国の技術を取り入れ、合わせた文化という解釈ができました。

今回は、○○さん、○○さん、○○さんと交流ができました。そのグループでは、ロイロノートでチャートを使って、いろいろな問いを解決していきました。

ノートでも、資料集の情報を書き込んだり、ロイロにも、ノートにも、しっかりと情報が書き込めて、相談もできたので、しっかりと、全員が学べていたと思います。

それに、前の板書も、みんなの意見が自由にどんどん書き足されていったので、見えない問いや答えも全員が学べていたと思います。

私は、今回、前回に考えた問いを、キャンディーチャートで解決しました。

資料集などの、資料で調べることも大切だけれど、自分でロイロノートにチャートにまとめることも大切だと思いました。

次回は、雪舟が、いた頃の中国の文化はどのように発達していたのか？

日本の貿易の状態などを調べていきたいです。

　問いを解決するために思考ツールも自分なりの使い方で使っています。1人1台端末環境が実現した5年生の9月当時は，端末をさわることが楽しいという状況でした。それから1年，今は様々な学び方を試し，自分に合う学び方で学ぶ楽しさを感じているようです。

・本時の問いを解決していこうとすること

・自分の問いを解決していこうとすること

・学び方（調べ方や共有の仕方，まとめ方）の確認

・次につながる問い

などを網羅的に考えています。

12/11 ふり返り(室町文化の特色)

　　　　さん、　　　さん、　　　さんと一緒に調べました。みんなとすることで様々な情報が共有できました。私はまず、初めに室町文化について調べました。室町文化には、生け花や水墨画や書院造があるとわかりました。これらを見てみると今もある文化が多いということがわかりました。

| 問い　室町文化の特色は？ |
| 答え　室町文化の特色は今も受け継がれている文化が多いこと |

室町文化の茶道は、中国に留学した栄西が広めたことがわかりました。また、お茶の遊びなどが流行したことがわかりました。書院造とは、住宅の作りで畳やふすまなどを使っている今もある文化だとわかりました。私は、最初インターネットで調べたものをiPadにまとめていましたが、みんなの(　　　さん、　　　さん、　　　さん)学習方法を見てみると資料集を見てまとめていました。私も、その方法で学習してみるととてもわかりやすかったです。とても参考になるのでこの勉強方法はとても良いなと思いました。

　この子は「私は，最初インターネットで調べたものを iPad にまとめていましたが，みんなの学習方法を見てみると資料集を見てまとめていました。私も，その方法で学習してみるととてもわかりやすかったです。とても参考になるのでこの勉強方法はとても良いなと思いました」と書いています。

　子どもたちが調べる時，インターネットで調べることが多くなります。しかし，情報が多すぎてどこを選べばいいのかわかりにくくなりがちです。上記の例は，友達の学び方を見てそのよさを実感し，自分の調べ方が変容した瞬間です。

　個別に学習を進めてはいますが，必要に応じて協働的に学びます。学ぼう

とする動機は，友達から得られることも多いです。

前回同様，冒頭で前時のふり返りを紹介しました。

今日の学び
今日は、＿＿＿さん、＿＿＿さん、＿＿＿さんと一緒に4人で過ごしました。
基本的に1人でやっていましたが、たまに交流もしました。

今日私が特に学んでいたことは、雪舟と書院造です。

書院造は、掛け軸、ふすまなど、「国風文化」な部屋でした。
そこで、掛け軸に描く墨画を所有者は欲しました。
一方で、雪舟は、中国、その頃の明に行き、墨画の技術を学びました。画家としては初めてだったそうです。
日本に帰ってきた雪舟は、そりゃ画家としての仕事が欲しかったんではないかなと推測しました。逆に書院造では、掛け軸を書いてくれる墨画の技術を持った画家が欲しかったはずです。そして、雪舟は、墨画はもともと中国ですが、それを国風文化へと変えました。これは、鳥獣戯画とも繋がるのではないか？と考えました。そこはもう少し学びたいと思います。

ここからは私の妄想です。調べてはいません。
国風文化へと変えた雪舟は、そして墨画は、それはそれは有名になっていくはずです。雪舟が有名になったら、掛け軸が欲しかった書院造の所有者は、雪舟を起用し、描かせたのではないか？と思います。でもとにかく、きっとそういうふうにしてどんどん墨画が成長し、墨画を描く人も増えていったと思います。

次は、戦国へと続くので、文化系について浅くなってしまうかもしれませんが、その中での文化も探していきたいし、応仁の乱のところも掘っていきたいです。後、鳥獣戯画など、ほかの奈良時代や平安時代、鎌倉時代の文化も考えつつ、進めていきたいと考えています。
次のカードは、私の今日の学びと、1番右のカードは、＿＿＿さんのカードです。参考になりました。

　「鳥獣戯画など，ほかの奈良時代や平安時代，鎌倉時代の文化も考えつつ，進めていきたいと考えています」とあります。文化を単独で捉えているのではなく，他の文化とつなげたり比較したりしながら連続的に捉えようとしている視点がありました。また，「鳥獣戯画とも繋がるのではないか？　と考えました」とあります。他教科（国語）の既習事項とつなげて考えようとしている視点がありました。これらを子どもたちに紹介し，学びをつなげている点を価値づけました。

　少しずつ，俯瞰して文化史を捉えようとする見方が豊かになっている感じがします。

また，次のふり返りも紹介しました。

ふり返り

今日は，文化について学習しました。室町時代は，今につながるような文化がたくさん生まれている。

それを代表するのは，金閣や銀閣，水墨画だ。金閣は室町時代3代将軍足利義満が建てた。全面金箔が貼られ，1階は貴族の寝殿造り，2階は武士の書院造り，3階は寺のつくりになっている。足利義満は元々武士で，貴族よりも上の立場だということを象徴しているのと同時に，自分の権力を古墳のように知らしめるためにつくられたと考えられている。

銀閣は義満の孫，義政が建てた。その当時応仁の乱が起こり，政治がうまくいっていなかったために文化に力を入れた。銀閣が2階建ての理由として，お金がなかったことだと考えられている。当時，応仁の乱を鎮圧するためにかなりの費用を詰め込んだと思います。

水墨画は，墨だけで描く絵画で，雪舟が有名だ。水墨画は主に動物などを描くが，雪舟は景色を描いたため非常に評価されている。

他には，「能」や「狂言」，「華道」などが生まれた。

この時代には，「書院造り」という建築様式が生まれた。貴族が住んでいる寝殿造りとは違い，床には畳が敷き詰められ，襖や障子で部屋が仕切られていた。書院や違い棚などの飾りも生まれた。

室町時代は平安時代などの派手な文化とは違い，禅宗という教えに習ったたくさんの文化が生まれた。それぞれの文化の違いを調べていきたい。

「室町時代は平安時代などの派手な文化とは違い，禅宗という教えに習ったたくさんの文化が生まれた。それぞれの文化の違いを調べていきたい」という記述がありました。室町文化は禅宗の影響を受けていたことはポイントの一つとしておさえたい所です。スティーブ・ジョブズが禅の影響を大きく受けていたエピソードなども紹介しました。

本時では，室町文化にはどのようなものがあったのかを捉えた後の学習です。

室町文化はどのようにして受け継がれてきたのか？

について追究しました。

ポイントとなる視点を2つホワイトボードに記述しました。

```
○庶民の生活の変化
○為政者
```

です。

庶民の生活力の向上と，為政者が文化を保護していたことが，文化の発展と広がりにつながっていることを捉えさせたかったからです。

今回，板書をしている子の動きが遅かったです。問いが難しかったのかもしれません。子どもたちの学ぶ様子を見ていると，ここは，もう少し具体的な問いがあった方がよかったのではないかと感じました。

いつも板書している子が以下のように記していました。

```
今日のふり返り
僕はいつもホワイトボードを書いているんですが，今日は最初の方はちゃんとした情報を書
けるようにネットで情報を集め，確かめてまとめてからホワイトボードに書いていました。
ホワイトボードに書かずに集まって調べている人もいますが，僕のようなやり方もありだと
思います。　　　くんや　　　くんはスラスラ最初の方から書けていたので，情報を事前に集め
ていたのかもしれません。次はホワイトボードによりよいことをわかりやすく書けるように，
情報を調べていきたいと思います。
■今日知れたこと
・禅宗は中国の影響を受けており，室町文化に大きな影響を与えている。
・為政者は政治を行っている人のことを指し，室町時代は飢饉や気候変動が多かったため苦
　労していた。
　（この出来事も室町文化を大きく変化させる鍵となります）
▶庶民の生活
飢饉などが起こって年貢などが重なり負担が大きくなっていた。
病気が流行しないように神社などがいっぱい建てられていた。
このことから室町文化と周りの状況や，気候，政治運動には関わりが深くある。
■まとめ
なのでこの室町文化に限らずに，政治と文化を重ねて比べて学習を進めていきたいと思いま
した。
```

ホワイトボードに書く前に，情報を集めることの重要性が書かれています。

　今回，子どもから「共有できるように提出箱をつくってください」という
提案があったので，共有できる提出箱として，ロイロの提出箱に「みんなで
共有したいもの」の提出箱をつくりました。ここに調べたことなどを自由に
入れるようにしました。自分たちの考えやアイデア等を共有できるようにな
りました。

　子どもたちは，自分の考えをまとめたらそれを共有したくなるようです。
　共有の仕方は様々な形が考えられます。

・学級全体で話し合う。
・グループで話し合う。
・ホワイトボードに書く。
・ノートを見せ合う。
・用紙（ポスターや新聞など）を貼る。
・チャットに書き込む。
・ロイロの回答共有機能を使う。

　子どもたちが共有の方法は様々あるということを知ることも重要です。共
有の方法も子どもたちが選択できるようにしたいものです。

ふり返り

今日は、◻️さん、◻️さん、◻️さん、◻️さんと一緒に勉強をしました。正直に
いうと明確な答えは出なかったです。でも、あくまで自分の予想はつきました。

問い　室町文化はどのようにして受け継がれてきたのか？
予想　室町文化はみんなが楽しめるものが多く広く広がっていき、次第に文化となっ
ていった。

今日、分かったことは室町文化は武士や貴族だけでなく村や町の人も楽しく参加して
いたということが分かりました。つまり、地位の差など関係なく参加していたという
ことが分かりました。みんなが楽しめるからこそ幅広く広がっていったのかなと私
は、思いました。また、室町文化は中国から影響を受けていることが分かりました。
また、文化が広がった方法は為政者が国民に文化を広げていると分かりました。為政
者がいないと文化ができないということが分かりました。

まとめ

室町文化は、為政者が広めた。為政者がいないと文化はできない。また、文化が受け
継がれてきているのは文化が地位の差など関係なく参加でき、楽しいものだから。

学んだこと：
町衆というのが，応仁の乱により途絶えた文化を復活させた。（祇園祭や
田楽など）
能楽は師匠から弟子へ，師匠から弟子へを繰り返し今に伝わる。
自分の感想：
足利義政は政治などが下手で京都を中心に長く続いた応仁の乱を止めるこ
ともできず，山荘として銀閣寺をつくり，文化に力を入れた，という事実
は，すごいなと思いました。
庶民の農業生産が向上して，より良くなったと思うと，京の街を壊滅させ
た応仁の乱は，為政者が庶民のことも考えず，したことです。
その中でも，復興させたいと思う強い気持ちが，今も残る理由だと思いま
す。

「今日の社会の振り返り」

今日は、庶民の生活に変化について学びました。室町時代の人々の暮らしは、牛や馬を使って、田畑を耕す方法や、農業に使う道具の発達、同じ土地で1年に2度作物を作る二毛作が広がるなど、農業が発達して、生産力も高まった＝日本の技術が上がった。また、地方の産業もさかんになり、各地の特色を生かして、さまざまな特産物が生産されるようになりました。

その前の鎌倉時代の生活は、農民の負担は、荘園や公領の領主への年貢だけでなく、地頭も労役などを農民に負担させていた。こうして、領主と地頭とによる二重の支配を農民は受けていた。地頭の領主は、領主と同じように強くなっていき、地頭と領主とが裁判であらそうようにもなった。幕府は、領主の土地の半分を地頭のための物としたり 下地中分（したじちゅうぶん）、地頭から一定の年貢を領主に納めることを条件に地頭が領地を支配するようになった。

農民の中には、地頭のきびしい支配を領主に訴えでる者たちも、あらわれた。このように、鎌倉時代から、室町時代は、とても変化している。

今日は、▨▨▨さんと学習しました。▨▨▨さんの意見は、普通の人は、1日に2回ご飯を食べていて、裕福な人は1日に3回ご飯を食べていました。なので、この後だんだん裕福な人が増えて行って、今のような状態になったんだと思いました、という意見でした。私は、この意見を聞いて、室町時代から、少し日本の文化が変わっていることがわかりました。

このように、日本は室町時代で少し文化が変わりました。その文化が今の日本の文化の1部になっています。

※思ったこと
鎌倉時代と室町時代では、すごく室町時代の方が発展しています。急に発展するのは、不思議だなぁと思いました。

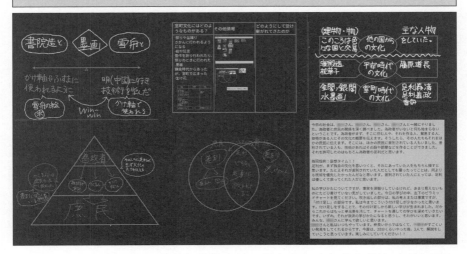

　このように，今までの学びを蓄積させ，それをもとにふり返りを書いている子もいました。

毎回，前時のふり返りを紹介してはじめます。

次の子は，数ある文化の中でも「ひな祭り」に焦点をあてて追究していました。このように，1つのことを掘り下げることのよさも伝えました。

12/13（月）

今日は問いに沿って授業を進めました。今日は前と違って資料集を参考にしました。（インターネットも）その問いは「室町文化はどのようにして受け継がれてきたのか？」です。僕はまず，今受け継がれているものを書き出ししました。例えば，畳，襖，違い棚などこのようなものは中国の影響を受けているとわかりました。他には狂言、御伽草子，ひな祭り，盆踊りがあって僕は「ひな祭り」に焦点をあてて授業を進めました。ひな祭りは中国で行われていた上巳（じょうし）が伝わっています。上巳の節句が3月3日に定まったのは室町時代，のようなことを調べました。まだどのようにして受け継がれてきているのかを解決できていないので次の授業で解決できたら良いなと思っています。

そして，上記のように，まだ解決できていない問いが残っている子も多かったので，第5時はその問いを解決する時間に充てました。最初の15分を個別に整理する時間とし，残りの時間をそのまま個別で学ぶか協働的に学ぶか

選択できるようにしました。子どもたちの状態や状況に合わせて時間の設定も行うようにしています。

次のように，調べるだけではなく，自分で予想を立てたり考えたりすることが増えてきました。情報を収集，整理し，分析している姿と言えます。

そこで，次の「学習の進め方」を再度提示し，整理・分析し，まとめることの重要性を全員で確認しました。

15分たった後に，動き出す子が多くいました。

学習の進め方

1	情報収集	「見えるもの」を集める
2	整理・分析	「見えないもの」を見出す
3	まとめる	自分の主張（価値）をつくる
4	発信する	他者に伝える
5	ふり返る	単元全体をふり返る

今日の社会のふりかえり
今日は、室町文化について、私は全ての人が楽しめる文化について調べました。
例えば、国語の授業でやっている能や、狂言など、劇のようなものが人々に人気があったということがわかりました。
それぞれ、ほとんど身分関係なく誰でも見れるというとても自由な文化でした。
それによって、人々の間に不満が広がらず、それに加えて、その時代は、商売がうまくいっていたので、平和な世の中だったのかと考えました。
それに、これまでに登場している足利家や、雪舟なども、人々が楽しめるような静かな雰囲気のものや豪華な建物をつくってきました。
なので、これらの歴史人物も、室町文化に大きく関係して、室町の世を平和にした人たちというのがあらためてわかりました。
今回は、1人で、チャートを使って室町文化がどのように受け継がれてきたのかを調べました。
今度からも、1人でやっていく時間や、板書をやっていく時間も増やしていきたいです。

今回は、室町文化がどのように受け継がれてきたのかを調べたので、次は、もっと、他の時代の文化などと比較もしていきたいし、もっと、仮説だけでなく、資料も集めていけたらいいと思いました。

ふり返り

今日は、一人で学習しました。まず、室町時代は農業が発達したと教科書に書い
てあったので文化と関係があるんじゃないかなと思い、調べてみました。

農業が発達した理由は？

文化で人々の仲が深まり農業が発達したと思う。

私は、文化で人々の中が深まり協力する人が増え農業が発達していったんじゃな
いかなと考えました。調べてみると民衆の生活と結びついて土地の生産性を向上
させる集約化、多角化されたことそして排水施設の整備、改善されたことが主な
理由らしいです。答えは違っていましたが私はこれだけのことをするには、文化
や日常生活で仲が深まり出来たことなんじゃないかなと思います。文化が色々な
ことに関与しているのはとても面白いことだなと思いました。次に農業で起こっ
たデメリット、メリットについて調べました。私は、調べてみて弥生時代の米作
りのように良いものができると必ず争いなどが起きるんだなと思いました。時代
は、色んなことが関係していてとても興味深いです。次の授業では、他のことに
関係がないかを頭に入れて取り組んでいきたいです。

「国語の授業でやっている能や，狂言など……」や「弥生時代の米作りの
ように……」と，既習事項や他教科での授業とつなげていることを価値づけ
ました。

他の時代の文化との関連や比較の視点について書いている子も多くいまし
た。「文化史」を通した学習を行えばより俯瞰して歴史を捉えることができ
ると考えました。

今日の振り返り
今日は今の文化の中でどのようなものが室町文化と重ね合わさっているのかを中心に調べたり、書いたりしました。今日は宗實先生が最初に調べる10分くらいの時間を設けてくれたおかげで質のよい情報を共有することができました。
（今日知ったこと）
室町文化がどのように伝わってきたか？
・具体的に
1日3食の文化
能や狂言などは大陸から伝わってきた技術によりできた
書院造は現在の和室の原型
・抽象的に
文化人が受け継いで各地に広まり、地方に広まって豊富になった
農業の技術がアップし工業文化が栄えた
文化により戦いが少なくなった
（今日どのように学んだか）
今日は　　　くんとホワイトボードに箇条書きでたくさんわかりやすいように書きました。
（まとめ）
今日は質のよい授業ができたと思います。あと、現代の文化や技術を比べたりすることで経緯などを具体的に知ることができるので、次からこの方法を使って授業をやっていきたいと思いました。
あと、中国などの文化を知ることで日本の文化が詳しくわかってきました。

方法は人それぞれだけど事実があって、事実がないと進めず、歴史は事実と予想が大事なのは真実です。事実の吸収も大切だということを頭に置いていきたいです。そしてそこからその意味や特色を見出していきたいです。

　この子はいつも前で板書をしてくれている子です。板書の仕方やあり方をいつも考えています。

今日は友達の意見を大事にして他の意見を集めてみる自分と比べることをしました。今日は特に　　　さんの意見を参考にし、自分と比べました。シンキングツールを使っていたので僕もいろいろな方法を取り入れてまとめてみることにしました。

　友達の学び方のよさを取り入れている子もいました。よいと思うものはどんどん取り入れていくことが協働的に学ぶことのよさだと全員で確認しました。

社会のふり返り
本日の問い
室町文化はどのようにして受け継がれてきたのか？

今日は，問いを解決するために室町時代の時代背景を調べました。まず
３代将軍足利義満は日明貿易で力をつけ，その権力の象徴として金閣を
建てた。義満の時代が最も室町時代が栄えた。その義満の孫の義政が政
治を失敗し，応仁の乱という戦乱が起こり，その戦いは実に十二年間続
いた。荒れ果てた京都の町衆の人たちが，文化を復活させようと努力し
た。このような町の人々の思いが戦国時代の中でも室町文化を現代に受
け継ぐことができた理由だと思います。今まで中央集権だったのが，地
方での文化も栄えました。

　この子は，単元の問いを立てた時に，「時代背景を読み取れば単元の問い
を解決できる」と主張している子でした。それを実行し，今後もその視点を
持ち続けながら歴史の学習に取り組むのではないかと期待しています。同じ
ような見方をして追究する度にそのよさを価値づけようと思っています。

第6時

○単元のまとめ

　この小単元を，

・学習内容
・学習方法

に分けてふり返りました。
　それぞれの視点を，

・学習内容
　　１　「単元の問い」を追究できたか
　　２　「自分の問い」を追究できたか
・学習方法
　　１　問いのつくり方はどうだったか
　　２　追究の方法はどうだったか
　　３　協働的に学べたか
　　４　自分の学び方はどうだったか

としました。次のように，ふり返る時に意識する点の例も示しました。

学習内容のふり返り

	ふり返りの視点	ふり返る時に意識する点（例）
1	「単元の問い」を追究できたか	「単元の問い」は解決できたか。「目に見えるもの（事実）」と「目に見えないもの（意味や特色）」を整理し、理解できているか。
2	「自分の問い」を追究できたか	自分の「問い」を持ち、解決することができたか。どのような「問い」が解決できたか。

学習方法のふり返り

	ふり返りの視点	ふり返る時に意識する点（例）
1	「問い」のつくり方はどうだったか	「単元の問い」を常に意識できたか。 自分の「問い」を持つことができたか。
2	追究の方法はどうだったか	「目に見えるもの（事実）」をどこからどのように集めることができたか。それは必要な情報だったか。 「目に見えないもの（意味や特色）」を見出すことはできたか。「なぜ？」の問いを自分でつくれたか。 次に追究学習するときはどのような点に気をつければいいのか。
3	協働的に学べたか	仲間と共に効果的に学習できたか。 どのような学びを得ることができたか。
4	自分の学び方はどうだったか	自分に適した学び方は見つけられたか。 それはどのような学び方か。

次のように一覧にしたシートをロイロで子どもたちに送りました。

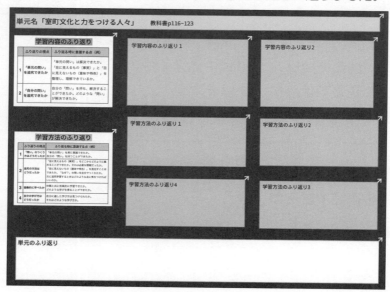

各個人で40分間，書き続けました。

書いている中で，

・国語の教科書を使用している子

・今までの本時のふり返りを確認している子

・各単元の重要ポイントを確認している子

・ノートを見返している子

など，様々な姿が見られました。

　ふり返りの途中段階でもいいとし，一度ロイロの提出箱に提出させ，共有機能で共有しました。

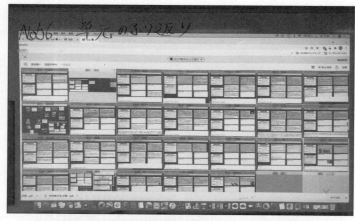

それを見ながら，他者の視点を取り入れている子もいました。書きにくさを感じている子の手だてにもなります。

　子どもたちのふり返りのいくつかを紹介します。

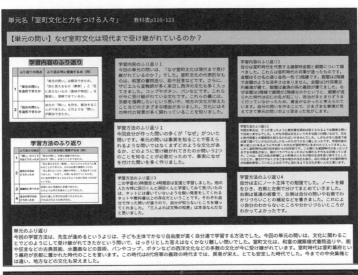

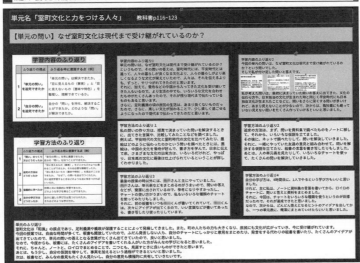

単元名「室町文化と力をつける人々」　　教科書p116~123

【単元の問い】なぜ室町文化は現代まで受け継がれているのか？

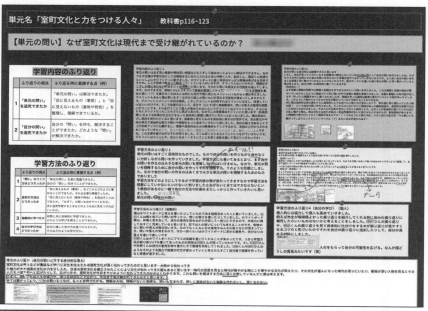

単元のふり返り
今回は足利の時代室町時代について勉強しました。学び方としては僕は考える派なので情報を友達と共有してそこから何を考えるかということを自分で考えました。
室町時代というのは足利が権力を持っていました。足利義満は派手なのが好きなのか権力を持った時に建てたものだというのですが義満は権力について建てて表しました。例えばこの時代の優先順位を後先の人に伝えるために一番上に鳳凰そして次には天皇そして次に武士次に貴族ということです。この時代は武士が活躍していた時代ですからそういうことをわからせるためにつくったものだと思います。
しかし、それと違い義政が作ったのは銀閣寺です。金閣寺のような派手のようなものではなく日本らしいものでした。ここから今へとつながる文化が誕生します。
最初に雪舟は民から習った水墨画をよく書きました。水墨画は日本の特色を生かしてかけるのですごく評価されました。また、食事も関係しています。フランシスコザビエルから始まった南蛮文化。南蛮文化は織田信長もよく使う鉄砲もそこから輸入されました。ポルトガルから入国されました。他にも食事ではカステラなど砂糖を使ってできるお菓子のようなものが出てきました。そこから庶民の考えが始まります。
庶民の心になってストーリーを考えます。まず水墨画でかっこいいよなこんなのが続いていけばな…。また南蛮文化が入ってきた武士の時代だこの世で一番偉い奴とほぼ平等になったぞと思った。そして、このような世を後世に伝えていければ日本は良くなるのにな。僕たちがこのような文化をよく使うことで次の世代にもこのような食事を残せるかもしれない。みんなでこのような食事を続けていこうと庶民たちは思ったのではないでしょうか。だから、今の文化は室町時代から発展していったと思います。またこのきっかけとなった人物は一番偉かった足利義満のような権力者にしか考えている人ではなく、この文化を大切にしているような人、足利義政と南蛮文化が入ってくるようになったキリスト教を伝えたかったザビエルなどが重要になってきました。またザビエルが日本に来るきっかけとなったアンジローが大切でアンジローとザビエルが出会わなかったとしたら今の日本はなかったと思います。今日本があったとしてそれはカステラなどの食事が無くなったり貴族や武士の関係などが一方的に広がるだけだと僕は思います。だから、この時代とは室町時代は今の日本人が王からない今の日本人が王からなく治められているわけではなく階級があったりするわけでもないようにだお金の問題以外のようなものではないのそれを実現させたきっかけと僕は言えると思います。また、それはザビエルが全てというわけではないのですが、今の日本の文化はこの時が特徴的にあると僕は考えます。
特にそれがわかるのは時代の流れで説明していったらわかりやすいと思います。まず石器とかを使う時代では今に今につながる世界の漁やそれは他の国でも日本風の文化と日本風の文化とは言い切れないと思います。
そして弥生時代に入ってくると米作りの文化があると思います。しかし今米を使うのは日本が多いのですがこれは中国発達のものなのでこれは日本の文化とは言い切れないかもしれない。
そして古墳時代が入ってきました。この時代の豪族は渡来人の影響のもと古墳を作り始めます。この時代は古墳を監督したのは渡来人なのでまだ日本の文化ではありません。まだまだ日本発祥のものはありません。発達するのはここからです。
その次の飛鳥時代では聖徳太子が仏教をするのが仏教は中国から入ってきて大切にすると聖徳太子が言っただけなのでまだ違います。その次には奈良時代です。奈良時代には豪族が貴族となりました。貴族は寝殿づくりなどで優雅に暮らしていました。その貴族はというと庶民のことをほぼ一切気にせずお金をどんどん使いまくっていってその後にはまりを遊んだりして優雅ですがこれが普通っていうことがあるので貴族はこのような遊びを次の世代の人につなげようとは絶対にしませんでした。それが貴族だからです。貴族はこのようなことをすることで後にリフティングとなるけまりを途切れさせてそれを貴族の人を日本の文化とはさせませんでした。その中でごく少数に生き残ったのが短歌です。清少納言や紫式部などの人たちがそのような文化を広めていきました。かな文字は日本に誇れる文化でした。
途中で貴族を守る武士が誕生しました。武士は平清盛と源頼朝が戦い、最終的には源頼朝が勝ち鎌倉幕府を開きました。ここが鎌倉時代です。鎌倉時代では平安時代と同じようにそんな文化は発展しませんでした。そして源頼朝の鎌倉幕府は武士の不満が爆発した瞬間に弱くなり権力は足利に移りました。ここから足利の時代は、足利義政によってできた能や歌舞伎などのものが流行り出しやっとの思いで日本風の文化が流行り出し、それに応じて色んな武器や食べ物が集まってそれが良かったためか庶民などがこんないいものなのだから今流行ったものは繋げていい日本にしようと考えたのではないかと思います。だから、日本風の文化は室町時代が発展させたと言っても過言ではないと僕は思いました。

前頁下段の子は，室町文化にとどまらず，「時代の流れで説明していったらわかりやすいと思います」と述べ，時代を遡りながら考察しています。常に自問自答しながら学びを進めていた子でした。

　これら「単元のふり返り」の中の「学習方法４　自分の学び方はどうだったか（自分に適した学び方は見つけられたのか）」について，子どもたちの記述を紹介します。

○僕にあった学び方はネットで調べながらみんなとちょっと共有しながら少しずつ問いを作っていってそして解決するという学習方法をほとんどやっていました。でも今のままだと自分の意見が９割ぐらいをしめているのでもっと周りの友達の意見も聞き出してまとめられたらいいなと思いました。

○自分は基本教科書，資料集，インターネットを使っていました。
　教科書などの紙のものは，その時代の基本構成を知るものとして活用しました。インターネットはそれを深くするものとして，活用しました。自分的に調べ学習として割合は６：５。

○私は，ひたすら調べた後にそれをまとめていくスタイルでやりました。それが自分に合っているし，見えるものと見えないものが沢山見つかるのでよかったです。でも，その時「なぜ」と思ったものを忘れてしまったり，逆にそっちを調べて残りの記事が読めなかったりしたので，次はメモしながら調べられるようなやり方を見つけたいです。
　また，今回はインターネットがほとんどだったので，教科書も活用していきたいです。

○実際１人でやってみたり２，３人で調べてみたりしたけど私は自分に適した学び方は正直まだわかっていません。なので次の追究学習をした時にどっちの学び方が私にあっているのかを見つけられたらいいなと思っています。

○「目に見えるもの（事実）」はネットや友達に教えてもらったり，教科書資料集を見たりして集めました。教科書とか資料集はほとんど正しいと思うのでそこから予想したりしていました。目に見えないものはほとんど教科書の事実から少しずつ掘り下げていって目に見えないものを考えたりこうだったんじゃない

かなみたいに調べました。「なぜ？」は少ししか作れなかったなとは思います。次に追究学習をする時には単元の問いだけに集中するのではなく，自分でも問いを沢山作って自分の問いと単元の問いを絡めて調べていきたいと思います。

○私は個人で学ぶ時も団体で学びたい時もあります。だから，自分がやりたいときに話し合える友達がいるのは大きかったです。また，その中で iPad を活用することでふり返りや今日学んだことを送りあえました。そのふり返りを見て，次回の学びを計画することができました。自分独自の学び（自分だけの範囲内）で終わってしまったらもったいない問いが友達の中で多かったです。友達によっては合わなかったりするからもっとたくさんの自分のスタイルに合う人を見つけて学習をスムーズにできたらいいと思います。

○僕の学習方法はまずそのことを正確な事実を理解して（ネットと教科書で）そこから自分の考えや見えないものをどんどん書いていくというやり方です。僕はもともとネットばっかりで調べていました。なので他の人と問いは一緒なのに答えが全然違う時がありました。そして正確なＡさんを見習ってまず教科書を見てから，それが正しいかを調べています。なのでやってない人はぜひ一度でいいからやってほしいです。

○今回，私は自分に適した学び方を見つけられたと思います。私の自分に適した学び方は，私は資料を必要なものも必要ではないものも集めてしまうし，整理できなくてごちゃごちゃになったりするので，シンキングツールを使うことです。でも，前のふり返り３に書いたように仲間と話し合うことができなかったので次の時はもっと仲間と共に効果的に学習していきたいです。

○自分がやりやすい学び方をできたと思います。私は基本的に教科書を読んでそこから友達と話したりして問いを決めたりその問いを解決する方法が一番やりやすくていい学びができたと思います。自分の問いを見つけてそれを解決すると他のことにもつながったし，一つのことを深く追究することでその問いや答えが質のいいものになったからです。この学び方はとてもよかったです。

○私は自分のやり方で学べたと思います。
　　なぜなら，自分の考えから「単元の問い」の答えに近づけたと思ったからです。

また，自分の考えとは問いのことでその問いは「単元の問い」の答えに近づくために何の資料がいるかと考えた時に自分で思いついたものです。

なので今回のふり返りなどはすごく捗ったと思います。

人の意見からもえられることがあったので良かったと思います。

「ぼくがなんでも答えるよ！　今回の単元の大事にしていたこと！」と書いて，次のようなカードを送ってくる子もいました。

（　Ａさん！なぜホワイトボードにたくさん書くのですか？）

えーとそれは基本的には周りの人に考えてほしかったり、共有したいものを書き残したいからですかねえ。３人とかでグループを組んだりしてするのもよくて1人じゃないのにプライベートなので集中ができよりよい情報などが集まると思いますが、そこの３人とかだけで大事な情報とかを扱うのはもったいない！！！！！

だからホワイトボードに共有しにきて欲しいですねえ。

> （　Ａさん！なぜＡさんの問いとか
> で人物に関することが出てくることが
> 多いんですか？）
>
> 答え→それは、人物から文化とか戦と
> か、時代の背景が見えたりして具体的
> に世界が広がっていくからですね。人
> 物は特に関係しているものが多いの
> で、人物を出していろいろなものなど
> に広げていますね。

　それぞれの子どもがそれぞれの学び方を見つけ，大切にできていたのだと
微笑ましくなりました。

　このように，自分の学びをふり返り，吟味し，よさや課題を見つけること
を繰り返すことが自分自身の自己評価能力を高めていくことになります。
「自己評価」に関する詳細は別冊の〈理論編〉pp.143〜147をご参照くださ
い。

　次の単元で学習を進める時は，これらの学び方のよさを共有してから学習
を進めようと考えています。学習内容だけでなく，学習方法もつなげて考え，
自分の学習方法の発展を意識させます。

第7時

　単元の最後に，子ども同士で単元のふり返りを読み合い，相互評価したも
のをロイロで共有しました。

> ○Bさんはいつも資料を学ぶときにシンキングツールを使っていました。私はい
> 　つもノートにごちゃごちゃに置いているのでシンキングツールはとても良いと
> 　思いました。次から使いたいと思います‼
> ○Cさんの学び方は調べたことをみんなに伝えて共有することなので知らなかっ
> 　た情報をたくさん知れてとても良い学び方だと思いました。そして解決した問

いは必ず根拠を言っていたのでなるほどと思いました。

○Dさんの学び方は問いの数は少ないけれど一つ一つの問いをどんどん深めていっていたのでそこから問いを生み出していったら良いと思います。そしてこの単元から違うことにもつなげているので良いと思いました。

○Eさんは勉強方法で「目に見えるもの」は友達やネットや教科書から学んでいたけど「目に見えない」ものはそこから掘り下げて答えに辿り着くという学習方法はすごく良いと思いました。僕と同じで「熱心に受け継がれてきた」と書いてあったのでわかる〜と思いました。

○Fさんは沢山のツールを使ってうまくまとめていました。

　「足利義満の頃の庶民の生活は，あまり良くないものだったので，さらに，楽しい文化が加わることで，少し楽しく過ごせるようになったので現代まで伝わってきたのだと思います。」このような考えもあるんだと思いました。確かに嬉しい時は皆に伝えようと思います。

○G君はたくさん「なぜ？」がつく問いを作っていていいなと思いました。G君は「なぜ？」ということを問いをつくる時に工夫しているようで，それがいいところだなと思いました。授業内容のことでは iPad（インターネット）で調べるのではわからないことがあってそこで教科書や資料集を見たらわかるしアナログとデジタルが均等に使えていいと言っていました。今は iPad が導入されて教科書や資料集はあんまり見なくなったりしているのでいいなと思いました。

○Hさんは，私よりも遥かに深い学習をしていました。HさんはIさんやFさんたちと資料を共有し合ったりして，他人の意見もどんどん取り入れていました。そうして色々な資料を手に入れていたのだと思います。さらに，今までの学習と繋げていて，すごく深い学習ができていました。あと，私が今回あまり使わなかった教科書なども沢山使って工夫していたのがすごいと思いました。次回からは，私もHさんを見習って他人の意見もどんどん取り入れていきたいです。

○私は，班の人たちの意見を見て気付かされたことがあります。それは見えるものではなく，見えないものを書いているということです。

　私は見える物を中心に書いていました。でもその中でも自分が想像して考え

て意見も書きました。ですが，見えるものを問いにするのではなく，見えない
ものを問いにしちゃうのもいいなと思いました。自分は見えるものから問いを
作り，後から見えないものを関連付けて書いていました。色々な人のを見ると，
自分だと見えなかったものが見えるようになったのでよかったです。

○Jさんへ

・自分の問いがたくさん作れて（って書いてて），よかった。次は私と一緒に
やってほしいです‼　問いを分けてください！

・庶民も文化を作る時代とか，室町の特徴が端的に書かれてて単元表が見やす
かったです。

・応仁の乱で失われた室町文化。それでも宝としてもう一度取り戻されている。
鳥獣戯画と繋がっている。確かにー！

・自分の調べているものとホワイトボードを比較する。その学習の仕方いいと
思う。次私もそうしてみまーす。

・上級国民じゃなくても文化を作れる。それ私の学習に繋がってるよー。ぜひ
私の単元表も見てみて。庶民に影響を与えたのが足利で，足利も庶民に影響
を与えているよね。両方が繋がってる！　こういうのが歴史の面白いとこだ
よね。

・文化も地域も，戦いによって潰れてしまっても，取り戻す。独自の文化に対
する思いが日本はやっぱり違うね。

　以上，子どもたちの相互評価を見ることで，私自身気づかされることが多
くありました。

　例えば，細かい部分を肯定的に見ていることや，学習方法に関する評価が
多いことなどです。また，当たり前かも知れませんが，自分で深く追究でき
ている子は，他者のふり返りの見方も鋭いです。時に，内容面についてよく
反応していました。いつもは教師視点でふり返りを見ていますが，子どもた
ちが相互に見ていく時の視点がよくわかりました。子どもたちも，自分が書
いたふり返りを複数の人が違う視点で見てくれることに面白さを感じていた
ようです。また，他者からの評価を得て，自分の学びを吟味することで，自

身の自己評価力の向上も期待できます。

　個別に学ぶ時間が多かったからこそ，こうやって画面上で簡単に共有できる効果は大きいです。

　ただ，子どもによってはかなり抽象的に書いている子と，具体的に書いている子とに分かれた感じがしています。人のふり返りを見る時の視点を具体的に定めて書かせるべきだったのではないかと反省しています。

3 ｜ 「社会科×個別最適な学び」成功のポイント

　今回の小単元は自由進度的に進めました。

　子どものふり返りの中に，「こういう学習の方が先生も楽になるからいい」と書いてくれている子がいました。実際は逆です。子どもに自由度を増やす分，教師の確かな教材研究が必要になります。学んでいる子どもの様子をその姿から見取る眼が必要になります。そのために，授業中は常に子ども一人ひとりの学びの様子を観察し，記録を取ります。そこから教師の出方についても考えます。授業後は，子どもたちが書いたふり返りなどを分析し，評価します。紹介するべきものを整理したり，どの子がどれだけ学習を進めているのかを把握したりします。

　このように，けっして「楽(らく)」なわけではありません。しかし，それぞれの子どもの学びの様子，学んでいる内容を見ていくことは「楽(たの)しい」ものです。一斉授業ではよく見取ることができなかった子どもの表情や姿を見ることができました。

　今回の実践をふり返ることで感じたポイントを整理し，以下に挙げていきます。

❶協働的な学び─徹底的に追究する時間の確保が重要　●━━━━━━━━━○

　おもしろい瞬間がありました。ひたすら自席で何時間も追究していた子どもが「これまでか〜」と言ってふいに立ち上がりました。おもむろに友達の

場所に行き，色々と尋ね始めました。自分自身でずっと突き詰め，より深い理解に向けて他者の考えにふれようとしていた瞬間でした。自分だけの学びに限界を感じ，視野を拡大しようと考えたのかもしれません。

　「個別学習→協働学習→個別学習」のような学習の流れを，木下竹次（1923）は，

　「いずれの学習者も独自学習から始めて，相互学習に進み，さらに，いっそう進んだ独自学習に侵入する組織方法」

と述べています。そして，「個別→協働→個別」の流れを「独自学習→相互学習→独自学習」と表現していました。奈良女子大学附属小学校では，約90年経った今でもその表現のまま使われています。自由進度的な学習を行うと，「個別→協働→個別」のサイクルを何度も経験する子が出てきます。協働と個別は対立するようなイメージがありますが，奈須正裕（2014）は，

　「対立するどころか，互恵的，相互促進的な関係にあると言えるだろう」

と述べています。「互恵的」「相互促進的」という表現がとてもしっくりきます。

　子どもたちが協働的に学びたくなるには，それぞれが徹底的に追究する時間が必要です。自分で調べてその限界を感じるからこそ他者と学び合いたくなります。その時間は子どもによってそれぞれだということがよくわかりました。個別と協働の裁量を自分たちで決められるからこそ，このような学習形態の意味があるのだと感じました。ただ，その頻度や量による学びやすさは子どもによって違います。より「その子」の学びを見取っていく必要があります。

「いずれの学習者も独自学習から始めて、相互学習に進み、さらに、いっそう進んだ独自学習に侵入する組織方法」

木下竹二（1923）

「対立するどころか、互恵的、相互促進的な関係にあると言えるだろう」

奈須正裕（2014）

余談になりますが，本学級では，ハッピーレターの実践をしています。北海道の大野睦仁氏に教えていただいた実践です。

　一人につき１つの「MY POST」をつくります。

　自分だけの「個人用スペース」です。そこで，「ありがとう」や「すごい！」などの手紙（ハッピーレター）のやり取りをします。日常的に子どもたち同士で認め合い，感謝や感動を伝え合えるシステムです（詳細は，拙著『１人１台端末で変える！学級づくり365日のICT活用術』をご参照ください）。

　ある時，「こんなカードが入っていた！」と言って嬉しそうに見せてくれた子がいました。そのカードには「Aさんのロイロのまとめ方がいつもいいなと思っています。ぼくも思考ツールを使いながらやってみます。Aさんのおかげで学びが深まりそう。ありがとう！」といった言葉が綴られていました。

　直接伝えることはできない子も，視野が広がったり新たな視点を得たりすることができた喜びを文字で伝え合うことができます。

❷個別の学び─支援を子ども同士で ●━━━━━━━━━━━━━━●

　子どもたちが個別で学習している時間，子どもたちに対する声かけはあまりしませんでした。

　全体を見渡したり個人の様子を見たりしながら記録していることが多かったです。「BとCがいっしょに学んでいるな」「Dの学び方は次の時間に紹介しよう」などです。

つまり，個につきっきりで支援するようなことはあまりしませんでした。教師がするべきだと思っている支援を子ども同士でさせたかったからです。実際，内容が不十分だった子は，他者と共に学ぶことで新たな内容を獲得していました。また，学び方についても同様です。

　「おぉ～」「これ，すごいなぁ」など，子どもたちの学びの様子に心より感心したり，承認したりするぐらいでした。あくまでも訊かれたら答える感じにしていました。

　西川純（2021）は，『国語教育』の中で，

　「一番分かっている人の説明が最善であると多くの教師が誤解しています」と指摘し，

　「何が分からないのか理解不能な子どもを教えられるのは，少しだけ分からない子なのです。その少しだけ分からない子を教えられるのは少し理解できている子です。少し理解できている子を教えられるのは，だいたい理解できている子です。だいたい理解できている子を教えられるのは，完全に理解できている子なのです」

と述べています。つまり，認知的距離の近い子どもの方がわかりやすく教えられるということです。

　このことは，実際の子どもの学び方を見ていればよくわかりました。子どもたちのふり返りの中にも表れています。

　もちろん，それでも難しい子に対しては「ここの問いを解決できるように調べてみたら？」「〇〇君のこの板書の内容がポイントだったよね」などの声かけをさりげなくしました。

❸子どもが板書する５つのメリット

　毎回板書をしている子たちに「なぜ板書をするのか？」と訊いてみました。

・書きながら自分の考えを整理するため
・書いている子たちと相談しながら理解を深めるため
・みんなに伝えるため

といった返事が返ってきました。

　『板書する子どもたち』(1974) の中で,

　「板書を子どもの手にゆだねることによって, 子どもが授業を自分のものとして積極的に参加しようとする動きを生み出す。こうした子どもの動きは, 教師にとっては, 授業の動きを見つめ, 次の出かたを考える機会を見つけることにもなるのである」

と述べられています。確かに, 子どもの板書を見ることで, 次の私の働きかけを考えるきっかけにもなりました。

　また, 『子どもが運営する授業』(1988) の中では,

　「子どもに板書をさせる。それは, 型にとらわれない子どもの自由な発想を大切に残し, 子どもに書く力をつけることである」

と述べられています。また, 「子どもの板書五つのメリット」として, 以下の5つを挙げています。

①教師は時間を確保できる
②情報提供の効率がよい
③主体性が育つ
④子どもの認識レベルで板書できる
⑤自己認識がより深まる

　①〜⑤, どれもよくわかります。特に④の効果は大きいようです。板書を見て参考にしているという子どもたちの意見も多くありました。

　今回の板書は, 次のように, 単元はじめにたてた子どもたちの問いをもとに, ある程度まではこちらで書いておくようにしました。この時間に意識してほしい問いはあらかじめ用意し, 絞って調べにくい子の手だてとしました。

　例えば, 次のような感じです。

これが，最終的に次のようになりました。

　p.33に示したように，共有の仕方は様々な形があります。黒板（ホワイトボード）を開放することで，様々な共有方法があるということを実感的に捉えられるようにしています。

❹子どものふり返りを見ることで教師自身のリフレクションを ●━━━━○

　毎時間の子どもたちのふり返りを詳細に見ました。個別の学びは子どもの頭の中で描かれているものが多く，外からは見えにくいです。また，理解度も見えにくいです。ですから，ふり返りに書くことで見るようにしました。

　また，自分の学び方を俯瞰できるように単元の最後に単元全体のまとめを行うことにしました。子どもたちのふり返りの詳細は pp.45〜46をご覧ください。

　そこで紹介しているふり返りと，次の子のふり返りを比べていただくとわかるように，同じ時間内の追究でも，個人差があることがよくわかります。

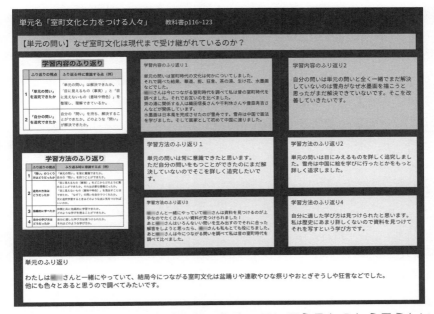

単元名「室町文化と力をつける人々」　　教科書p116~123

【単元の問い】なぜ室町文化は現代まで受け継がれているのか？

学習内容のふり返り

	ふり返りの視点	ふり返る時に意識する点（例）
1	「単元の問い」を追究できたか	「単元の問い」は解決できたか。「目に見えるもの（事実）」と「目に見えないもの（意味や特色）」を整理し、理解している。
2	「自分の問い」を追究できたか	自分の「問い」を持ち、解決することができたか。どのような「問い」が解決できたか。

学習方法のふり返り

	ふり返りの視点	ふり返る時に意識する点（例）
1	「問い」のつくり方はどうだったか	「単元の問い」を常に意識できたか。自分の「問い」を持つことができたか。
2	追究の方法はどうだったか	「目に見えるもの（事実）」をどこからどのように集めることができたか。それらは昔や現代の人物、事象の相互関係（意味や特色）を見出すことに役立ったか。「なぜ」の問いを自分でつくり、次に追究学習するときはどのような観点に気をつければいいのか。
3	友達と学習できたか	仲間と友に協働的に学習できたか。どのような学びを得ることができたか。
4	自分の学び方はどうだったか	自分に適した学び方は見出せたか。それはどのような学び方か。

学習内容のふり返り1
単元の問いは室町時代の文化は何かについてしました。それで調べた結果、華道、能、狂言、茶の湯、生け花、水墨画などでした。
●●さんは今につながる室町時代を調べて私は昔の室町時代を調べています。それでお互いのを比べました。
茶の湯に関係する人は織田信長さんや千利休さんや豊臣秀吉さんなどが関係しています。
水墨画は日本風を完成させたのが雪舟です。雪舟は中国で画法を学びました。そして画家として初めて中国に渡りました。

学習内容のふり返り2
自分の問いは単元の問いと全く一緒でまだ解決していないのは雪舟がなぜ水墨画を描こうと思ったがまだ解決できていないです。そこを改善していきたいです。

学習方法のふり返り1
単元の問いは常に意識できたと思います。ただ自分の問いをもつことができたのにまだ解決していないのでそこを詳しく追究したいです。

学習方法のふり返り2
単元の問いは目にみえるものを詳しく追究しました。雪舟は中国に絵を学びに行ったとかをもっと詳しく追求しました。

学習方法のふり返り3
●●さんと一緒にやっていて●●さんは資料を見つけるのが上手なので（たくさんいい資料が見つかられました！あと●●さんはいろんない問いを生み出すのでそれに合った解答をしようと思ったら、●●さんももっても役にたちました。あと●●さんは今につながる問いを調べて私は昔の室町時代を調べて比べました。

学習方法のふり返り4
自分に適した学び方は見つけられたと思います。私は歴史にあまり詳しくないので資料を見つけてそれを写すという学び方です。

単元のふり返り
わたしは●●さんと一緒にやっていて、結局今につながる室町文化は盆踊りや連歌やひな祭りやおとぎぞうしや狂言などでした。他にも色々とあると思うので調べてみたいです。

　時間内に十分に追究できなかったことや，目に見えるものから見えないものを見出すための思考が十分ではないことがうかがえます。

　問いの共有の仕方や追究時間の適性時間の把握など，全体と個を見ながら調整していく必要性も感じました。子どもたちのふり返りを見ることで，私自身の出方や働きかけのあり方をふり返ることにしています。

　千々布敏弥（2021）は，

　「育てたい子ども像は常に変容している。子どもは教師の意図どおりには動かないし考えないからだ。子どもの考えを鋭敏に受け止め，指導意図を柔軟に見なおしているのが批判的リフレクションの姿と言えよう」

と述べています。

　子どもたちの学びの様子や学びの跡を見ていると，気づかされること，考えさせられることが多々ありました。教師自身のリフレクションが促される時間でもありました。

❺問いの分類 ●━━━━━━━━━━━━━━━━━━━━━━━━━━━━━●

　「問い」に関する自己関与性が重要だと感じています。「問い」が自分ごとになり，追究したいと感じているかどうかということです。それが単元の最初から高い子もいます。調べていくうちに高まる子もいます。友達と協働し，共有することで高まる子もいます。多くの子は，それぞれの「問い」を解決していく中でまた新たな「問い」を持ち，追究を続けている様子でした。ですから，最終的に単元についてふり返る際，「単元の問い」に対する答えを書くというよりも，「単元の問い」や「自分の問い」を含めた解釈をまとめて表現するという形の方が適していると感じました。

　子どもたちが自分ごとだと感じている問いは，追究する中で次々と変化しています。それぞれの学びを進めていく中，どのような瞬間に子どもたちの学びの自己関与性，モチベーションが高まっているのか，見取っていくことの必要性を感じました。

分類	見方（視点）			獲得できるもの
	場所	時間	関係	
知るための問い いつ？ どこで？ だれが？ 何を？ どのように？	どこで 広がったのか どのように 広がって いるのか	何が変わった のか どのように 変わって きたのか	だれが生産 しているのか どのような 工夫が あるのか	**目に 見える もの** 事実
分かるための問い なぜ？ そもそも何？	なぜ この場所に 広がって いるのか	なぜ 変わって いるのか	なぜ 協力する ことが 必要なのか	**目に 見えない もの** 意味 特色 想い 願い
判断するための問い どちらが〜？ 〜するべき？	さらに この場所に 広げる べきだろうか	どのように 変わっていく べきなの だろうか	共に協力する 上でAとBと どちらが 必要だろうか	

問いの分類

60

そもそも子どもたちは，「問い」をつくることや「問い」の質の吟味について慣れているわけではありません。「問い」を多く出すこと，「問い」を比べること，「問い」を吟味すること，「問い」を絞ることなどの活動が必要だと感じました。

　その際，前頁の「問い」の分類表をもとに「目に見えるもの」と「目に見えないもの」をより強く意識できるようにすることが重要です。

　目的意識を持って，「自ら問える者」になってほしいものです。

❻既習事項や他教科とのつながり

　既習事項や他教科とつなげようとする場面が多くありました。例えば前の単元の文化面や国語などでの学びです。「つながりを感じながら学ぶ姿」はこれから必要な子どもの姿だと感じています。学びを進めるのは子どもたちですが，望ましい子ども像というものを明確に持っておく必要があります。

　次のような横の軸（単元間・教科間）や縦の軸（学年間）を意識しながら学びを進められるようにします。

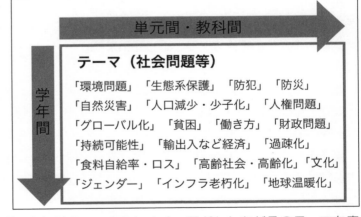

単元間・教科間

学年間

テーマ（社会問題等）

「環境問題」「生態系保護」「防犯」「防災」
「自然災害」「人口減少・少子化」「人権問題」
「グローバル化」「貧困」「働き方」「財政問題」
「持続可能性」「輸出入など経済」「過疎化」
「食料自給率・ロス」「高齢社会・高齢化」「文化」
「ジェンダー」「インフラ老朽化」「地球温暖化」

　今回であれば「文化」がテーマとなります。子どもたちがそのテーマを意識しながら学習を進めることができるよう，まずは教師側が意識し，その内容のつながりを捉えておく必要があります。

❼教師の出方について ●───────────────●

　教師の出方については大いに悩みました。

　今回の学習で私が行った具体的な支援や手だては，次の通りです。

①単元内の重要人物と歴史的事象等のデ
　ータをはじめに渡す。

②毎時間のはじめ５分程度で子どものふ
　り返りの学習内容と学習方法を価値づ
　ける。

③子どもたちのふり返りや考えをロイロ
　上で共有したり，直接子どもたちにロ
　イロで送ったりする。

　上記の通り，今回は，子どもたちの学習内容や方法のよさを共有すること
を中心に行いました。

　学習内容では，「目に見えないもの（意味や特色）」があらわれているもの
を積極的に共有しました。そうすることで，捉えさせたい知識と技能はある
程度揃ってきたのではないかと感じています。

　学習方法では，
・個人で徹底的に追究する様子
・友達と学ぶことで得られる様子
などを中心に共有しました。

　課題達成を可能にする支援のありようを「足場かけ」と言います。以上の
ような「足場かけ」をだれがするのかということですが，初期における足場
かけはより有能な他者が挙げられます。それだけでなく，共に学ぶ友達の発
言や板書，観察によって「足場かけ」を得られる子どもが多くいるというこ
とも感じました。

　今回の学習では，教師が直接的に支援するというよりも，学習環境や ICT
端末がその役割を果たしてくれました。教師の出方を考える上でも大きな役
割を果たしたのが ICT 端末です。

このように，自由選択的に子どもたちが学習を進める際，教師がいつ，どのように，どれくらい出るのかを考えることは重要です。子どもたちの学びの様子やふり返りを見ながら，「教師の出方（支援や手だて）」のあり方を常に考え，判断していかなければいけません。

❽子どもの授業分析 ●━━━━━━━━━━━━━━━━━━━━━━━━━●

　長岡文雄（1972）は，授業を行った翌日に，子どもたちにも授業分析をさせています。「きのうの学習は，みんなが，とても熱中して，楽しそうだったが，何かわけがあるかね。あったら書いてみてくれないか」と言って，メモ用紙を渡し，8分位で子どもたちは書いたようです。その分析を長岡（1988）は，「教師の授業分析を越えるものがあった。児童の授業分析力に学ばなければならないと思う」と述べています。

　子どもたちの分析内容の項目は以下の通りでした。

---

①研究対象のめずらしさ

②生活経験とのつながり

③対象の意外性，危機感，真剣さ

④発表者の対象のみつけ方，対象への迫り方の卓抜さ

⑤発表内容の不完全さ

⑥発表者の発表のし方の魅力

⑦発表者の個性と情熱

⑧発表者のつくる気軽な雰囲気

⑨発表の量，声の大きさ，板書がよい

私も同じように分析させてみました。

　「今回の単元の学習は，みんなが，とても熱中して追究していましたが，何かわけがありますか。あったらロイロのカードに書いてみてください」と。

　追究について訊いたので，方法論を中心に次のような声があがっていました（下線は宗實）。

○私が社会の追究をよくできたわけは，板書が解放されていることと，他の人との交流ができたからだと思います。

それに，iPad を基本的に使うことで，シンキングツールや，ノートのまとめやすさが違うので，ノートを整理することによって，自分の学びが深められたと思います。

なので，今度の単元のときも，板書と，他の人との交流の方法は残してほしいです。

○自由に友達と喋れたので，まず友達と喋った後にまた自席に戻って見えない部分を考えてまた友達と喋って見えない点を考えるというような「見える点→見えない点→見える点→見えない点」を繰り返すことが僕にとって良い感じになります。

○今みたいな授業の仕方になってから結構自由に活動できていてみんなで話す時は話すし自分一人ですることもできるので自分で選べるのでいいと思いました。黒板は解放されているのでみんな書けるしみんな授業を受けている時は静かに話してくれているので集中しやすいので授業がしやすくなりました。

○僕の学習方法は教科書や資料集などについている，バーコードです。なぜなら教科書などは単元の名前などをよく書いていて，ある程度くくられて，そこについているバーコードは，そのことを細かく，他のことを書いておらず幅が狭いです。なので，調べる範囲が狭まり，そのことにつきよく調べられます。なので，僕は教科書などを使い調べました。

○社会の追究ができた理由は，自分にあった学習方法が見つけられたことと友達と共有できたからです。前までは，自分にあった学習方法を見つけようとしませんでした。でも，友達が色々まとめ方などを工夫していて自分もやろうと思ったのが学習方法を見つけられた一つの理由です。つまり社会の追究ができた理由は，友達との共有だと思います。

○自分のやるべきことを始める前から決めて実行しようとしたからだと思います。また，しっかり集中できたので良かったです。さらに社会の「単元のふり返り」もしっかりできたので良かったです。

○私は，友達と複数の人数で追究できたことが一番大きく関わっていると思いま

す。友達と追究しているとたくさんな色々な考え，意見出てくるので追究が通常より早く進んだ気がしました。

○私が社会の追究がよくできたわけは，まず，いろいろな人のいろいろな問いや答えとか情報があったからです。いろいろな人の問いと答えがあることによってそれをヒントにして自分で問いを作ってみたり，そこからその問いを具体的にして追究していったりできるし，いろいろな情報があるとその情報について追究したり関係したものを追究できたりするからです。次に，自分で好きなように問いを作って答えを探してまとめることができるからです。私は，普通の授業の時は，少しわからないところがあったりノートじゃできないこともあるけれど，今回の学び方だと，インターネットや教科書，資料集など色々なものから情報を取り入れられるし，前のホワイトボードからも情報を取り入れられるのでわからないところも自分で調べられるので，とてもわかりやすかったです。あと，私は今回は授業中にシンキングツールを使ってまとめていたのでいろいろな資料もシンキングツールでまとめられるのでこの学び方がよくできたと思います。

○社会で追究がよくできたわけは自分にあった学習を見つけることができたからだと思います。その学習方法とはこうです。
　１，個人でその日の問いに沿って調べる
　２，友達と交流して調べたことを深める
　３，交流した後に深く調べたことをまとめたりする
　　このようなルーティンというかお決まりをすると慣れてきてより問いを追究できた気がします。

○私は，友達との交流や人のふり返りから学ぶことがたくさんあったからすごく追究できたと思います。
　　今回の学びで，みんな人それぞれ思っていること感じていること人それぞれ違うわけやから，授業であまり発表していない人やおとなしい人の意見を聞けてすごくいい学びができたと私は，思います。
　　これからもこれを続けみんなの意見を参考にしていい学びをしていきたいと思います。

板書を自由に使って共有できた点は大きかったようです。

　ICT 端末とノートの併用も効果的だったようです。「ICT 端末か紙か」の
ような二項対立的な議論もありますが，やはり子どもたちはその時の学びに
合わせて柔軟に選択していることがわかります。子どもがその時の状況に合
わせて判断していけるようになることが重要です。

　自分の学びをパターン化している子もいます。多様な他者から学びを得て
いる様子が伺えます。

　学習方法を意識することで，自分に合う学習方法についてはじめて考えた
子もいたようです。自分の学びに関して主体的に考えることができた姿だと
捉えることができます。

　自分で「選択できる」ことのよさを感じている子は多かったようです。選
択することが増えれば増えるほど，与えられる受動的な学びから，自分から
求める能動的な学びへと変わっていきます。

❾教師も学ぶ

　今回の学習を通して，教師が子どもの学びに驚くこと，感心することが
多々ありました。石井英真（2021）は，『授業 UD 研究　VOL.12』の中で，
　「時には，授業中，先生方は『なるほどな』『おもしろいな』と，嘘の言葉
ではなく心底思うときがあると思います。その瞬間，実は子どもたちは先生
を学び越えているのです。こうやって学んでけると，先生も授業をしながら
学べるということです」
と述べています。

　正にその通りです。子どもたちが教師の想定を優に超えていく瞬間があり
ました。その都度ワクワクしながらその瞬間を共に楽しめることに喜びを感
じています。

　毎時間が試行錯誤の連続で，十分ではなかった点や次につなげなければい
けない点は多々あります。しかし，「教師がする授業」から「子どもがする授
業」へと舵を切っていくことの意味は十分に感じることができた実践でした。

〈参考資料〉
・木下竹次（1923）『学習原論』目黒書店
・長岡文雄（1984）『学習法の源流』黎明書房
・奈須正裕，佐野亮子，齊藤一弥（2014）『しっかり教える授業・本気で任せる授業』ぎょうせい
・大野睦仁（2016）『「結びつき」の強いクラスをつくる50のアイデア』ナツメ社
・宗實直樹（2022）『1人1台端末で変える！学級づくり365日の ICT 活用術』明治図書
・『教育科学　国語教育　No.865　2022年1月号』（2021）明治図書
・豊富小学校 編（1974）『板書する子どもたち　自主学習への過程』明治図書
・武村重和，香川県丸亀市立城西小学校（1988）『子どもが運営する授業』明治図書
・千々布敏弥（2021）『先生たちのリフレクション』教育開発研究所
・長岡文雄（1972）『考えあう授業』黎明書房
・長岡文雄（1988）『教育方法学』仏教大学
・『授業 UD 研究　VOL.12』（2021）日本授業 UD 学会

事例選択的な学習モデル

1 教材研究と単元デザイン

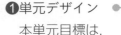

❶単元デザイン

本単元目標は，

> ○織田信長，豊臣秀吉，徳川家康の天下統一について，人物の働きや代
> 表的な文化遺産などに着目して，戦国の世が統一されたことを理解で
> きるようにすること。
> ○複数の人物の業績に関する情報を比べたり結びつけたりしながら読み
> 取り，３人の中から一人を選んで価値づけたことを表現できるように
> すること。

です。

　最終的に，「偉人賞」を渡す人を選択するというパフォーマンス課題とし
ました。子どもたちは，賞を渡すにふさわしい人物を考えながら追究します。
「だれに○○を渡すべきか」は好き嫌いや印象で選ぶことにならないよう，
多面的に人物を調べて行くようにしました。科学的に現代へ与えた影響など
も考慮して決めるようにしました。

　自分で決定した後に，同じ者同士で共有することにしました。同じ人物を
選んでいてもその理由の違いなどを知ることができます。

　また，違う人物を選んでいる者同士で交流する活動も入れました。自分と
は違う理由を知ることで，俯瞰的に人物を捉えることができるからです。数
人で交流しますが，交流する時に意図的に設定しました。

❷全体像を示す ●━━━━━━━━━━━━━━━━━━━━━━━━━━━━━●

　前回の実践での反省点の一つに，「全体像を示していなかった」という点があります。自由進度的に学べることのよさは，問題解決のために必要な試行錯誤の時間が子どもたちに委ねられていることだと感じています。その「時間」がどれくらいあるのかを提示し，最初に子どもと共に確認しておく時間が必要でした。

　ですから，今回は，大まかな学習の流れを子どもたちと確認することにしました。

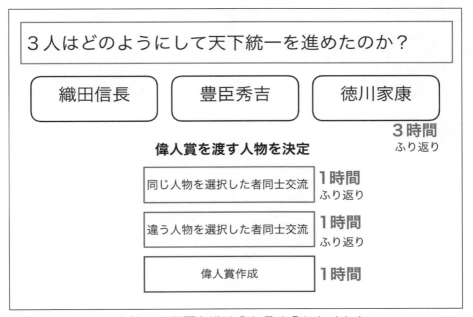

最後まで見通しを持って学習を進められるようにしました。

2 授業展開モデル

全単元の室町時代からの流れを簡単に説明しました。

「だれでしょう？」クイズを行いました。

子どもたちはよく知っている人物なので，簡単に答えていきます。

興味関心を高めている段階です。

織田信長

豊臣秀吉

徳川家康

武田信玄

上杉謙信

C 「みんな戦国大名です」

T 「守護大名っていましたよね。戦国大名と守護大名の違う所はどこだと思いますか？」

C 「力のある者が上に立ちました」

T 「『下克上』と言います。城を持ち，独自の法で地域を治めていました」

T 「さて，ここにこの3名の武将の生涯年表があります。同じ戦いをしている時があります」

（長篠合戦図屏風（長浜城歴史博物館所蔵））

C 「1575年，長篠の戦いです」

T 「そう，これですね」

T 「信長，秀吉，家康はどこにいますか。見つけたら赤で○しましょう」

T 「3人は敵か味方か？」

T 「だれと戦っているか？」

C 「味方で，武田勝頼と戦っています」

C 「織田軍は鉄砲で，武田軍は騎馬隊です」

T 「織田軍が勝ちました。さて，この後の大まかな流れです」

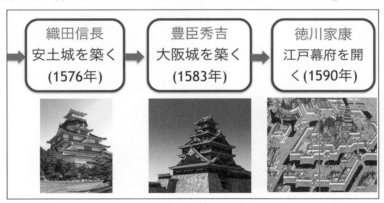

C 「おぉ～，なんか3人でバトンをつないでいる感じがする」

C 「それぞれどんな感じだったんだろう？」

T 「3人がそれぞれどのようにして天下統一を目指していったのか追究していきましょう」

単元の問い　3人はどのようにして天下統一を進めたのか？

　一人ひとりが単元の問いに対する予想をします。予想をロイロのカードに
提出します。

　出された予想を眺めて考えています。

　ロイロに取り込んだみんなの予想を分類してい
ます。

　それぞれの予想は何に着目した予想なのかを考
え，調べていく観点を自分でつくっていきました。

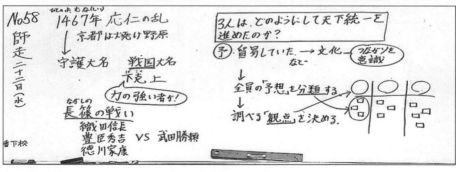

　単元の流れを確認しました。

　先述したように，今回の単元の最後は，３人の武将の中から一人を選んで「日本の偉人賞」を与えるというパフォーマンス課題にしました。印象や好き嫌いだけで判断するのではなく，科学的に判断できるようにします。

　そのためには何が必要かと子どもたちに問いかけました。

　「一人ひとりの武将をちゃんと調べて見ていくこと」

　「事実をしっかりおさえること」

　「比較して考えること」

などが返ってきました。

　単元の問いに沿いながら３人の武将を追究し，判断していくことにしました。

　その後，１時間の流れを子どもたちと確認しました。

　調べる観点を全員で相談しながら決めていきました。その観点ごとに問いをつくりました。

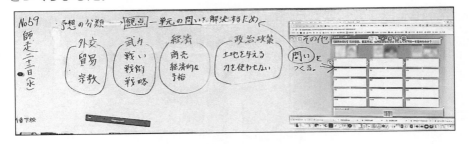

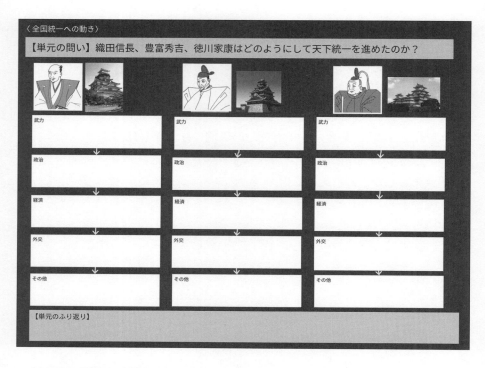

〈全国統一への動き〉

【単元の問い】織田信長、豊富秀吉、徳川家康はどのようにして天下統一を進めたのか？

武力	武力	武力
政治	政治	政治
経済	経済	経済
外交	外交	外交
その他	その他	その他

【単元のふり返り】

教科書や資料集を参考にしながら問いをつくっています。

問いのつくり方にはその子らしさがあらわれます。

左の子はすべて「なぜ？」で構成しています。

右の子は，３人に共通した問いをたてています。

人の問いを参考にできるように立ち歩き時間も OK にしました。問いをたてることに難しさを感じている子は積極的に訊きにいっていました。

ロイロの共有機能で共有もしました。

前回の実践で，「問い」の吟味が弱かったので，今回は自分と友達の問いを吟味しながら絞っていくようにしました。

本当にその「問い」でいいのか，見通しを持たせるようにしました。

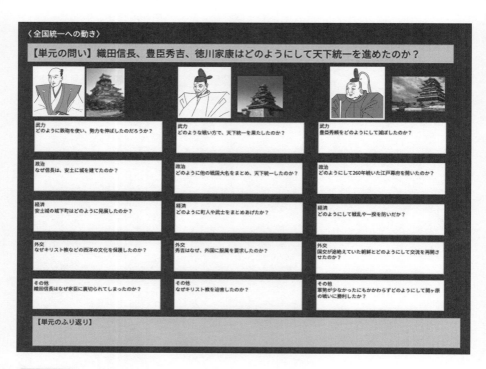

〈全国統一への動き〉

【単元の問い】織田信長、豊臣秀吉、徳川家康はどのようにして天下統一を進めたのか？

武力	武力	武力
どのように鉄砲を使い、勢力を伸ばしたのだろうか？	どのような戦い方で、天下統一を果たしたのか？	豊臣秀頼をどのようにして滅ぼしたのか？
政治	政治	政治
なぜ信長は、安土に城を建てたのか？	どのように他の戦国大名をまとめ、天下統一したのか？	どのようにして260年続いた江戸幕府を開いたのか？
経済	経済	経済
安土城の城下町はどのように発展したのか？	どのように町人や武士をまとめあげたか？	どのようにして戦乱や一揆を防いだか？
外交	外交	外交
なぜキリスト教などの西洋の文化を保護したのか？	秀吉はなぜ、外国に服属を要求したのか？	国交が途絶えていた朝鮮とどのようにして交流を再開させたのか？
その他	その他	その他
織田信長はなぜ家臣に裏切られてしまったのか？	なぜキリスト教を迫害したのか？	軍勢が少なかったにもかかわらずどのようにして関ヶ原の戦いに勝利したか？

【単元のふり返り】

第3時

　追究活動に入る前に，前回の「ふり返り」「友達からの意見」を確認しました。さらによい学びを進めるためです。

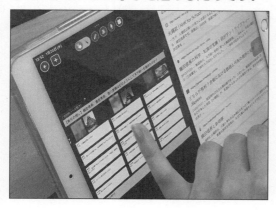

本時は，自分がたてた問いをもとに，教科書を中心に目に見える事実を追っていきました。

私は、今日の社会では、織田信長と、豊臣秀吉と、徳川家康の武力について調べました。
織田信長は、外国から種子島に伝わった銃を使って武田軍を打ち取りました。銃には、連発ができないというデメリットがありましたが、織田軍は、列になって、打つことで、連発することを可能にしました。
豊臣秀吉は、まず敵の逃げ道を作ってから敵を攻めました。なぜかというと、敵が、自分たちが作った逃げ道に逃げれば、他の軍と挟み撃ちにすることができるからです。
徳川家康は、
　（1）未開の関東平野に移動して、秀吉の監視から遠く離れて国力を増強できた
　（2）朝鮮出兵の無謀さから、渡海を控えて戦力を温存した
　（3）1600年、関ヶ原の戦いで徳川ＶＳ豊臣ではなく、東軍ＶＳ石田三成にしたことなどの戦略で最後まで生き残りました。
これらのことを今日、私は調べました。
織田信長は、外国の武器を有効に使うことで、まだ、剣しか持っていない武田軍に勝ちました。
豊臣秀吉は、敵を攻め落とすよりも、戦略で勝つという方法で戦いをしてきました。
徳川家康も、敵を攻めまくる方法よりも、戦略を練って勝ちました。
次の問いでは、それぞれの経済を調べていきます。

　単元の問いを設定し，学習を進めますが，そもそも問いは学習を進めるうちに変わってくるものです。ですから，単元の問いは方向づけるものという感覚で，あとはその都度出てきた問いを大切にするようにしました。

第4時／第5時／第6時

　新型コロナウイルスの影響でオンライン授業に変わり，教室での活動ができなくなりました。

　オンライン授業となった時，ロイロの共同編集ノートを作成しました。

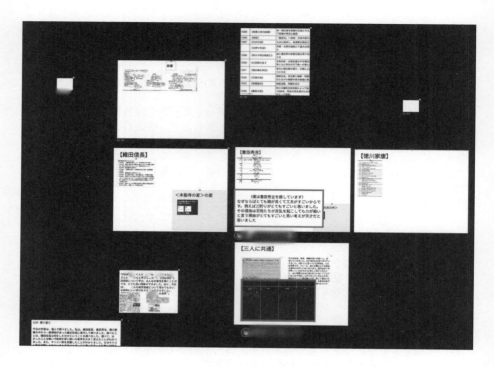

それを使って全員が参考にできるものを用意しました。また，チャットなども有効活用しました。

このように，オンラインでも協働的な学びを進めることができないか，模索していました。

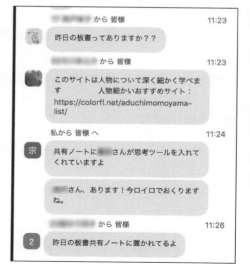

教室でやっていることとまったく同じことは無理ですが，そのエッセンスを盛り込みながら次のような機能を有効活用しました。

- ・チャット
- ・ロイロの提出箱（共有機能）
- ・ロイロの共同編集ノート
- ・ブレイクアウトルーム

　リアルに見られていませんが，意外と機能していたように感じました。慣れてくればもっと楽しめそうな予感がしました。オンラインでも様々な学び方がある，できることがあるということを，経験を通して，子どもが知ってくれればいいと感じました。

　同じ人物を選択した者同士，違う人物を選択した者同士，それぞれ３人程度のブレイクアウトルームに分け，交流しました。

私が主に追究していたのは、織田信長でした。同じ信長を調べていた▓▓さんと▓▓さんは、武力面で調べていることが多かったですが、私は経済面を中心に調べていました。信長が情報をうまく使って戦に勝っていたことなどは「なるほど」と思いました。同じ人物を調べていたけど、その視点がそれぞれ違っていたのがおもしろかったです。
あと、秀吉や家康を調べていた人たちからは、教科書にない深いことを知れました。秀吉と家康のエピソードなども聞くことができて、私も家で調べてみようと思いました。特に、▓▓さんが言っていた家康の手紙を送りまわって戦いをしていた話は、信長とも似ているなと思いました。やっぱり共通点があるんだと思いました。
同じ人と追究することが多かったですが、今回のように違うものを調べている人たちと交流することで、いろんなおもしろい学びがありました。今日はZoomでしたが、今度教室でするときは、色んな人から考えを聞いていきたいと思います。

その後，次のような「偉人賞」を完成させて単元を終えました。

天下統一への道のり賞

織田信長様

あなたは小国の大名でしたが
桶狭間の戦いに勝った後
安土城を築きました
またそこでは誰もが商売をしていいと
いう楽市・楽座を作りました
それにより経済がとても潤い武力などに
もお金がまわせるようになるなど
という経済の仕組みを作りました
また外国の文化を取り入れ武力に
また役立てました
武力だけでなく，経済などにも
力を入れていましたことを賞します

二千二十二年　一月二十五日

3 | 「社会科×個別最適な学び」成功のポイント

❶オンライン授業―普段の学習の延長として

　オンラインでも，普段の学習の様子の延長と捉えるようにします。例えば，ホワイトボードはないですが，ロイロの共同編集機能やチャットなどを使いながら対面と同じようにすることができます。対話もチャットを使えば即時的に行えます。

　つまり，普段と同じようにできることが大切であり，普段からそのような学習をしていれば問題はありません。場所が違っていても同じように学習ができるということを子どもたちに認識させるチャンスだと捉えることができます。

❷追究する際のグループ分けは意図的に

　今回は，追究する際のグループ分けを意図的に設定しました。

　長岡文雄（1972）は，「子どもたちがたいせつにするのは斉一の考えではなく，ひとりひとりの個性的な考えである。『みんなの考えは，もっと複雑なものであるはずだ。わたしのもっていない考えも，予測できない考えももっているはずだ。それを聞いて自分の考えを検討したい』という姿勢で授業に臨むようでありたい」と述べています。

　前回の授業ではそのあたりが弱かったように感じていました。つまり，それぞれの解釈や個性的な考えの交流が十分ではないという点です。今回は，交流する時間を2時間充分に取りました。

　オンラインの交流でしたが，意味のある時間だったと感じました。交流をする時に，自由に交流をさせるのか，教師が意図的にグループを編成するのかを考える必要性を感じました。自由にするのがいいのか，グループをこちらで編成する方がいいのかは，目の前の子どもの実態，単元の内容によります。そのあたりを的確に判断しながら，より学習が深まるように教師が働きかけることが重要だと考えています。

〈参考資料〉
・長岡文雄（1972）『考えあう授業』黎明書房

3

6学年 江戸の文化と学問

課題設定的な学習モデル

1 | 教材研究と単元デザイン

❶単元デザイン

本単元の目標は，次の内容です。

○町人文化と新しい学問について，江戸や大阪のまちの様子，近松門左衛門，歌川広重，本居宣長，杉田玄白，伊能忠敬などの人物の働きや歌舞伎や浮世絵などの文化，国学や蘭学などの新しい学問に着目して，社会が安定するにつれて，町人文化が栄え新しい学問が起こったことや当時の人々や社会に与えた影響を理解できるようにすること。

内容面，方法面で次の点も重視しました。

〈内容面〉

○歌舞伎や浮世絵など，現代にも継承されている理由を調べ，現在とのつながりについて理解できるようにする。

○身分制度のもとで百姓や町人とは別に厳しく差別されてきた人々が，優れた技術や知識を持っていたことについて理解できるようにする。このような人々の活躍が，蘭学への関心を高めたり，江戸時代の社会の発展を支えたりしたことにつながったことを理解できるようにする。

〈方法面〉

○「単元の問い」を自分でたてて追究すること。（課題設定学習）

○既習事項と結びつけながら仮説をたて，問いの解決に向けて仮説の追究ができるようにすること。

❷仮説をたてる

　子どもたちは室町文化を学習した時に，文化について追究する視点を獲得しています。それに基づきながら「単元の問い」をたてれば大きくずれることはないだろうと考え，自分たちで課題を設定するようにしました。

❸文化単元をつなげて学習する

　室町文化について探究的な学習を進めてきました。その時に次のような視点を獲得しました。

- ・室町文化の特色や，継承されてきた背景などが見えるようにすること。
- ・経済力のある町衆が芸能・文化に積極的に関与したことや，差別されてきた人の技術が生かされてきたこと。
- ・文化の発展は政治的安定の中，常に地位の高い人たちの保護によって発展しているということ。
- ・文化についてそれぞれの時代の特色を比較しながら見ていくという視点を獲得させること。

　これらを用いながら同じ「文化」について追究を進めるようにしました。

2 ｜ 授業展開モデル

第1時

　まず，前単元の「江戸幕府の政治」についてふり返りました。当時，その単元の学習では，Zoomによるオンラインの同期型授業を行いました。「鎖国の時に日本の文化が栄えた」とZoomのチャットで発言していた子がいました。そのことについて調べていくことを促しました。

　前回の室町文化での学習を受けて，今回の単元でどのような学びをしたいのか子どもたちに訊きました。

- ・どんな人物が活躍したのか調べたい。
- ・文化を比較しながら学習を進めたい。

・文化をつくった人がなぜそうしたのかを調べたい。

・自分の問いをたててそれを追究していきたい。

・文化と時代背景をつなげて考えたい。

などの意見が出されました。

　そこで，前回の文化単元（室町文化）の時に獲得した視点や知識を提示し，確認しました。

【獲得してきた視点や知識】

○文化の特色　　　○文化の継承，移り変わり　　　○歴史的背景

○文化の発展は常に地位の高い人たちや為政者の保護によって発展

○経済力のある町衆などが芸能・文化に積極的に関与

○差別されてきた人の技術

　引き続き，今回の単元でもポイントとなる視点です。個別で追究する際の拠となる視点です。

　次のような，単元の材料となるシートをロイロで子どもたちに渡します。

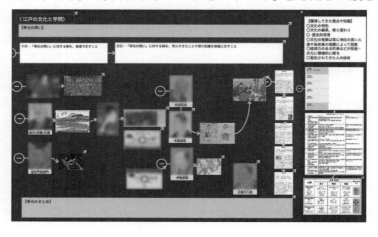

今回の単元は，以下の3点を意識することを確認しました。

> ・「単元の問い」を自分でたてる
> ・仮説をたてて追究する
> ・室町文化での学びを活かす

　「問い」をたてる場面から自由度を大きくし，仮説をもとに追究を進めるようにしました。その先，新たに出てくる自分の「問い」をどんどん探究していくようにしました。

　自由進度的に学習を進めるため，6時間で単元全体の学習を終えることを確認し，見通しを持てるようにしました。

　見通しを持った後，単元の「問い」を自分でたてます。その際，室町文化で学んだことをもとに，どんな「問い」をたてることがより望ましいかを考えました。そして「問い」に対する予想をし，仮説をたてていきました。

　例えば，次のようになります。

| 1時間目 単元の問い　予想　仮説 |
| 2時間目 仮説の追究 |
| 3時間目 仮説の追究 |
| 4時間目 仮説の追究 |
| 5時間目 仮説の追究 |
| 6時間目 単元のまとめ |

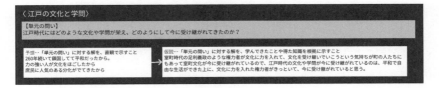

〈江戸の文化と学問〉
【単元の問い】
江戸時代にはどのような文化や学問が栄え，どのようにして今に受け継がれてきたのか？

予想…「単元の問い」に対する解を，直観で示すこと
260年続いて鎖国してて平和だったから。
力の強い人が文化をほごしたから
庶民に人気のある分化がでてきたから

仮説…「単元の問い」に対する解を，学んできたことや得た知識を根拠に示すこと
室町時代の足利義政のような権力者が文化に力を入れて，文化を受け継いでいこうという気持ちが町の人たちにもあって室町文化が今に受け継がれているので，江戸時代の文化や学問が今に受け継がれているのは，平和で自由な生活ができた上に，文化に力を入れた権力者がきっといって，今に受け継がれていると思う。

①「単元の問い」

　子どもたちがたてた「単元の問い」は私が一つずつ確認していきました。単元を学んでいく問いとして十分でないものは，子どもと対話しながらよりよいものにできるよう促しました。

　子どもたちがたてた「単元の問い」は次のようになりました。

〈事実追究型（どのように型）〉

・江戸幕府はどのようにして約260年間も続く政治の中で文化や学問を発達させたのか？

・江戸はだれがどのようにして文化を発展させたのか？

・江戸時代の文化や技術はどのように生まれ，どのような人が発展させていったのか？

・だれが学問や文化を作りどのように広め，江戸時代でどのように発達していったのか？

・江戸時代にはどのような文化や学問が栄え，どのようにして今に受け継がれてきたのか？

・江戸時代の文化や貿易の状態はどうなっていたのか？

・室町時代には文化の発展と庶民のくらしが関係していたが，江戸の文化と庶民のくらしはどのように関係しているか？

・江戸文化はどんなものがあり人々とどういった関係があるのだろうか？

・文化の発展と人の行動，時代関係はどのような関係があるのか？

・江戸がこんなに栄えたことと江戸の文化や学問はどんな関係があるのか？

〈意味追究型（なぜ系型）〉

・江戸文化はどのようなものがあり，なぜ発展していったのか？

・江戸時代に生まれた文化で今でも有名なのは何があり，なぜそれが有名なのか？

・江戸時代からある文化はなぜ今まで受け継がれているのか？

②「単元の問い」に対する予想

○僕の予想では鎖国しているから新しいものはほぼ入ってこない中，ちょうど杉田玄白などのオランダから学んだ知識や，雪舟が書いた絵などを改良したような絵などが発達した。

○武士同士や，権力者の争いがないように政策を行っていたから平和な世の

中で文化や学問が発展したんだと思います。

○室町時代の時よりも貿易の状態は良かった。けれど，外国の文化を一つに
集中させるという制度があって，あまり外国の文化が行き渡っていないと
ころもあった。

○260年続いて鎖国してて平和だったから。

○江戸で活躍していた人たちが中心になって，文化や色々なものを作ったり，
発展させていったと思う。

○この中にいる人は一人一人この仕事に対する熱意があった。

○庶民が自分達で，江戸独自の文化を作り，生活の楽しみの一つにしていた。

○賢い人が多いと江戸が発展するし江戸も栄えると思う。栄えたのは学が高
い人がそうしたかもしれないと考える。

○今でも有名なものは昔も有名だったかもと思った。

○室町時代の時よりも貿易の状態は良かった。

③設定した仮説

○足利の時にはちょうどキリスト教が流行った時期なのでそこら辺がなくな
ったということは良くないが，そのようなものは歌川広重が絵を広めて庶
民が楽しめるようなものになったのだと思い，また，杉田玄白の知識のお
かげで病気などが庶民には対処しづらかったけどできるようにして，暮ら
しはよかったと考えられる。

○もう武士からの圧力はほぼ抑えられているので，あとは幕府の問題である
から色々できることは増えている。何でもできるという点から杉田玄白の
知識などを身につけたり，伊能忠敬のおかげで地図でいろいろなことを学
べたり，絵を鑑賞したり歌舞伎をみられたりとかができたので庶民のくら
しはよかったと考えられる。

○絵は生活的に考えてもいくらでも見ていられるものなので広まりやすい。
また，伊能忠敬が地図を作ってくれたので地図とかでここがこんなところ
になっていたのだろうとか，新しい発見が多かった。またここに行ってみ

ようという気持ちになって行くことで文化も広がったのではないか。

○平安時代は貴族が平和で発展していたため貴族を中心に文化が広がっていたから平和な時代には文化が開くことが予想されるから，学問や文化が発展したのは政権と深く繋がっており，政権の状態により文化や学問の状態も変化すると僕は予想します。

○室町時代は，日本独自の文化が栄えたが，江戸時代では，外国からの文化も増えている。だから，外国との貿易の状態は良かったと考えました。そして，外国の文化ではない，日本風の文化を取り入れられているのは，これまでにもあったように，貿易を一つの地域に集中させるという制度があったからだと考えます。そのことによって，外国の文化が取り入れられていないところには，日本風の文化が生まれたのだと考えました。

○室町時代の足利義政のような権力者が文化に力を入れて，文化を受け継いでいこうという気持ちが町の人たちにもあって室町文化が今に受け継がれているので，江戸時代の文化や学問が今に受け継がれているのは，平和で自由な生活ができた上に，文化に力を入れた権力者がきっといて，今に受け継がれていると思う。

○平安時代のように貴族が平和で華やかな文化が発展していたため貴族を中心に文化が広まっていたから，平和な時代には文化が栄えると予想される。学問と文化が共に栄えるには，どんな政治をするかが重要になってくるからきっと文化を支える政策と学問を支える政策がそれぞれあったから江戸時代の文化や学問は栄えたんだと思う。

○江戸時代には楽市・楽座などで普通の人でも商売ができるなどのことがあったので，そういう一人での商売が今の時代や，その時代にも広がっていたと思う。あと商売があると人が集まったりし，そこで浮世絵などの安い誰でも買える絵が売れた。そこで色々な人が活躍し今の時代まで引き継がれていると思う。

○室町時代は，いろいろなことをたくさん制限されていたが，江戸は室町時代に比べ制限が緩いため江戸が栄え，学問が進んだと考える。

○江戸は明治や大正の基盤になった時代だと思うし，室町時代に加えていろいろな学問ができた時代だと思います。だから，室町より発展し，暮らしが便利になった時代だから，文化も発展していったと思う。

○江戸時代は室町時代のように，幕府などの地位の高い人が守ったり援助をしたりして発展し，町の人たちによって今に伝わる庶民の文化があると予想します。

○室町時代ではいろいろなことに縛られて自由なことができなかったと思うけど江戸はもっと自由だから江戸が栄えそこから学問が上がっていったと予想する。だけど，学問が上がってから江戸が栄えたという逆パターンもあるかもしれない。

○江戸時代は室町時代のように庶民が作って庶民が楽しんだと思う。

○室町時代は，日本独自の文化が栄えたが，江戸時代では，外国からの文化も増えている。だから，外国との貿易の状態がよかったことが関係していると考えました。

仮説を立てることに難しさを感じている子は，すでに提出されているものを参考にして考えました。

　第2時は仮説の追究の1時間目です。まず前時に立てた「単元の問い」と仮説を共有しました。その後，どのようにして仮説を追究していけばよいのかを確認しました。

　個別で学ぶ姿が多く見られました。

　最後の5分間は，本時のふり返りを書く時間に充てています。

④本時のふり返り

> 僕は今日2本の動画を見たところ僕が興味を持ったのは歌川広重です。約53枚の浮世絵を書いており、僕はそんなにあるならめっちゃ歩くのかなと思いながら見ているとその通りですごく歩いたそうです。ぼくの問いの中心は時代背景なので、立てた仮説を確かめながらつなげて考えていきたいです。浮世絵はとてもブームになったそうだし、それでお金も入ってきたので苦労に見合ったものなのかなと思いました。

仮説に沿って調べようという気持ちがわかります。

> ふり返り
> 私の仮説は「多くの人物がそれぞれ特徴のある文化を生み出していった」だから、今日は近松門左衛門について学びました。
> 近松門左衛門は歌舞伎や人形浄瑠璃などの内容は新聞や街で噂になっていることを物語にして、作ったことを知りました。
> 歌舞伎や人形浄瑠璃などは現在でも伝わっていてやっていることも知りました。
> 次の社会でも近松門左衛門がどういう生活を送って、なぜ歌舞伎などをつくったかを深く調べたいと思います。
> その調べ方をもって、他の人物も時間内にできるだけ調べてつなげていきたいです。

　この子は，それぞれの人物を調べていこうとしています。その中で「なぜ？」の問いをつくり，「目に見えないもの」を調べようとしています。

仮説1の追究
実際に浮世絵はすごく安くて庶民からもお手柄なお値段（400円程度）だったので庶民が買って、庶民が楽しく見れたりできたので庶民的には足利義満や義政が生きた時代とすごく似ていたのでそこだけを考えると庶民の暮らしは良かったと思います。そして、解体新書のおかげで医療系の言葉が色々できて頭蓋骨という言葉や神経とかという言葉ができることによって何かが起きた時にも詳しく聞けることができたということです。だから、いろいろな面から見ても庶民の暮らしはよかったと考えられます。だから、ぼくの立てた仮説1「庶民の暮らしが安定していたから文化が発展していった」という考えは正しかったと言えます。

　この子は自分の中で仮説を3つたてて，1時間ごとにそれを確認していくようにしていました。

今日は、杉田玄白のことについて調べました。江戸時代では鎖国していたのに、杉田玄白はどうやって、解体新書を手に入れたのか？ということを調べてみました。解体新書はオランダのもので、鎖国は、キリスト教を廃止するために行われたので、オランダと中国とは貿易をしていました。なので、杉田玄白はオランダの解体新書を手に入れました。
その解体新書を杉田玄白たちは、約4年で翻訳しました。
今日は、杉田玄白のことについて調べたので、つぎは、歌川(安藤)広重のことについて調べます。
主な問いは、安藤広重が行ったことは何なのか？どのような経路でそこにいき着いたのか？について調べたいと思います。
一つ一つ問いをもって調べて行くことで自分の仮説を確かめることができそうです。

　単元の問いからつながる下位の問いを持って調べることで，自分がたてた仮説を確認していく方法で追究しています。

ふり返り
今日は僕の仮説の「平安時代は貴族から文化ができ
たけど、きっと江戸時代は幕府が関係して文化ができ
たと思う」について追究しました。まず江戸幕府の
仕組みについて調べました。
鎖国をしていることが大きく影響していました。
「鎖国しているのになぜ杉田玄白がオランダのもの
を翻訳したのか？」という問いがでてきました。調
べたら長崎にある出島でオランダ人を住ませていて、
中国の商人もいたということがわかりました。そこ
から文化が入って広がっていきました。日本人は入れ
る人は少ないけれど日本人が呼ばれることもあった
そうです。幕府の政策と文化は結びつきそうです。

この子は，追究をしていく中で新たな問いを発見しています。

以上のふり返りのように，自分がたてた「単元の問い」に合わせて仮説を
たて，それについて追究を進めています。子どもによって，調べている内容
は様々です。様々であるから，それをどこでどのように共有するべきなのか
を考えなければいけません。

次に紹介するふり返りは，学習方法に関する内容に焦点を当てています。

今日は■■■さんと■■■さんと■■さんと一緒に調べま
した。最近は一人でやっていたことの方が多かったけ
ど、■■■さんが、この情報いいよーって言って、
AirDropで送ってくれました。送ってきてくれて嬉し
かったということもあったけど、友達がそうゆうこと
をしてくれるっていいなーと思いました。

今日は鎖国をして、何かいいことがあったのかという
ことが気になったので、調べてみました。

江戸幕府が、自分達のいうことを聞かなくなる人々が
出てくると困ると思ったからだそうでした。

次も友達としっかり調べ合いたいです！

個別の学びを中心にしていたこの子の学び方が変化してきました。個の学び方は人と関わることで大きく変化してきます。

> **振り返り**
> 今日は███さんと███さん、███さんと███さんや██さんなどと話しました。最初は二人でやっていたけれど二人での追求は限界があるのでいろんな人のところに行きました。███さんとはなぜその問いにしたのかを聞き合い、██さんとは資料からどんな事がわかったかを話し、██さんとは資料の渡し合いをしました。███さんとは何を書いたか私と██さんの意見を比較しました。そして、インターネットより教科書を見た方がわかりやすいと教えてもらったので次の授業では教科書で調べ、教科書には載っていないことをインターネットで調べるという使い方をしたいと思いました。

この子は学習方法のふり返りを中心に書いています。訊く，資料を渡す，比較するなど，追究の際に有効な手段を獲得しています。

> **本日の振り返り　社会**
> 今日は、江戸時代の鎖国について学びました。鎖国とは、江戸幕府がキリスト教国の人の来航を及び日本人の東南アジア方面への出入国を禁止しましました。なぜ、禁止したかというと、キリスト教の広がりを恐れていたからです。新威力として、政権が危ぶまれるし、日本人が奴隷とされる可能性があった。それに貿易も、赤字でお金が流出してたから、禁止したとも考えられています。その鎖国の影響で江戸の文化が発展していったと考えられます。政策と文化のつながりについて追究し、自分の仮説を確かめていきたいです。
>
> **課題**
> どうしても、インターネットに頼ってしまって、インターネットで検索してしまうけど、今度からは、教科書も活用していきたいです。

この子はふり返りで自分の追究の仕方に対する課題が書けていることを価値づけました。少しずつですが，こうして自分で自分の学びを調整しながら

学習を進めていきます。

　この子に「なぜインターネットに頼ってしまうの？」と訊きました。「手っ取り早く調べることができるからつい。でも，深く調べたい時は教科書よりもいろいろ書かれていていい」と言っていました。

　「なるほど，じゃあ，場合によって使い分けれたらいいんだね」

　「次は教科書と資料集で見てみます」

と答えていました。

　子どものふり返りをもとに，子どもとやりとりしていく時間を確保する必要性も感じています。

> 今日は主に歌舞伎、解体新書について詳しく見ました。まず、歌舞伎は人形浄瑠璃に関わっていたことです。人形浄瑠璃を作り広めた近松門左衛門は、歌舞伎を参考にして初めは劇を作っていました。元々歌舞伎は庶民の間で人気だったので、人形浄瑠璃も人気だったと思います。そして、そこから発展して、「曽根崎心中」ができました。人形浄瑠璃も歌舞伎も、今までの高貴で貴族や身分の高いイメージがあった日本独自の文化とは程遠く、庶民、町人が自由に楽しめる文化でした。そこが、いままでの日本の文化と違うところだと思います。また、解体新書の新しい外国の医学書は、オランダのものでした。オランダは当時も貿易をしていたので、入手できたんだと思います。それを翻訳するのに3年半もかかったのに凄いなと思いました。いまはまだ、見えない部分に入るために情報を集めている状態なので、もう少し集められたら追究したいです！

　この子は目に見えるものと目に見えないものを常に意識しています。目に見えないことを見出すことが大切だということを十分に理解しています。目に見えないものを見出すために，まずは目に見えるものを集めていくことが大切だということも理解しています。この子なりの学び方があらわれています。

　第3時

　毎時間，上記のような前回のふり返りをいくつか紹介してから入るようにしています。

今回は仮説の追究の２時間目。子どもとのふとした会話の中から，中学校の教科書の話題になりました。そこで，ロイロで中学校の教科書を子どもたちにも渡しました。これらを参考にしている子もいました。

　室町文化の単元のふり返りを確認しながら学習を進めている子もいます。

　その時の学習の自分のふり返りをじっくりと見ています。

　国語に伝統芸能の箇所があったことを思い出し，国語の教科書で確認している子もいました。全体で共有し，価値づけました。

　こういう学び方をしている子は一斉授業の中ではなかなか見つけることができず，価値づける機会もできにくいです。子どもの学びをさぐれるゆとりが必要です。

板書は子どもたちが書いています。次のようになりました。

　その時代に何があったのかを調べ，その時代背景と文化の結びつきについてまとめていることがよくわかります。

最後の５分間は自席でふり返りを書きます。

○本時のふり返り

> ふりかえり
> 今日は浮世絵のことについて調べました。
> 浮世絵は前時代の武将を描いた「武将絵」や遊郭の美女を描いた「美人画」、歌舞伎役者を描いた「役者絵」など、浮世を取材して描かれているのが特徴です。
> 浮世絵は木版画をたくさん同じ絵を彫ることができるので安くなって普通の人でも買えるようになったらしいです。
> 次は木版画を誰が作ったのか調べました。
> 「絵師」（えし）、「彫師」（ほりし）、「摺師」（すりし）が分業して制作しました。絵師には、才能あふれる絵心が必要。彫師は、絵師が描いた版下絵を版木に貼って、これに合わせて忠実に彫る技術が必要。摺師は彫師が彫った墨版と色版を受け取り、慎重に紙に摺り、完成させる人です。
> このように分業することで、質の高い浮世絵を短期間で大量生産させることができました。
> いろいろな文化は多くの人がいろいろなことを分担してできていっているのかなと思いました。

浮世絵について調べています。調べた中で，また新たな「問い」を見つけることができています。

> 振り返り
>
> 今日は、浮世絵と歌舞伎について学びました。歌舞伎は、町人の最高の楽しみの一つだった。人々は舞台の美しさに見とれ、役者に声援を送りました。そこで登場したのが、「近松門左衛門」です。近松門左衛門は、歌舞伎や人形浄瑠璃のすぐれた脚本を書き、評判になった。左手の花道から、舞台へと役者が登場しました。武士や町人など、いろいろな身分の人々がいっせいに役者に注目しました。2つ目の浮世絵は、「役者絵」と「美人画」と「風景画」の3つが主に注目されていました。浮世絵とは、多色ぼりの版画で大量に印刷されたものです。浮世絵は、値段も安かったので、人々に喜ばれていました。役者絵、風景画、美人画などが描かれ、東洲斎写楽、歌川広重、喜多川歌麿、葛飾北斎など、多くの絵師が活躍しました。
>
>
> 歌川(安藤)広重
>
> 課題
> 今日は、しっかり教科書を使って学習することができました。けど、今日は見える部分だけを調べてしまったので、次回からは、見えないところも調べていきたいと思います。

ふり返りの中に画像を入れてわかりやすくしています。

> **ふり返り**
>
> 今日は、一人で追究しました。そして、浮世絵と江戸文化は、室町文化は似ているという仮説を立てて追究を進めました。江戸文化は、幕府が約260年続いたことから経済的に安定して文化が発展しました。江戸文化は、町人の文化が発展しました。その理由は、経済的に安定していて武士だけでなく町人も学問を学んだからです。江戸時代は、争いがなくなり平和でした。このことから、江戸文化は、室町文化に似ているなと思いました。例えば、身分の差がない文化なこと、文化がとても発展したことなどです。なので、この仮説は合っていました。次に浮世絵について調べました。浮世絵は、どのように始まったのか詳しくはわからないそうです。浮世絵は、外国からも注目されるほどだったそうです。浮世絵は、値段が安かったため人々に喜ばれたそうです。
>
> 今日は、インターネットと教科書どちらもつかえたのでよかったです。なので、次もこの仕方で追究していきたいなと思いました。
>
>

　自分の仮説を大切にしながら追究を進めています。また，自分の追究方法についてもふり返ることができています。

> **＜2/3のふりかえり＞**
> 今日は、歌川（安藤）広重について調べました。
> 歌川広重の、多色彫の版画で大量に印刷された浮世絵は、値段も安かったので、人々に喜ばれました。役者絵、風景画、美人画などが描かれ、東洲斎写楽、歌川広重、喜多川歌麿、葛飾北斎など、多くの絵師が活躍しました。
> その中で、東洲斎写楽という人物がよくわからなかったのでちょっと調べてみました。
> ネットには、東洲斎写楽は、江戸時代中期の浮世絵師。約10か月の短い期間に役者絵その他の作品を版行したのち、忽然と姿を消した謎の絵師として知られる。と書いてありました。
>
> 歌川広重は、浮世絵を描いていて、その絵は、安かったので、人々に喜ばれました。歌川広重以外にも、東洲斎写楽、歌川広重、喜多川歌麿、葛飾北斎など、多くの絵師が活躍しました。
> 最近では、浮世絵と言われると、「見返り美人図」を思い浮かべる人が多いと思います。
> 昔の人々は、お相撲さんなどの、役者さんの絵が、リアルに何枚も印刷されているという点に、喜びました。
> 今回、歌川広重のことについて調べてみて、杉田玄白は、人々の役に立つ文化を、歌川広重は、人々が楽しめる文化を生み出しましたということがわかりました。役に立つものや楽しめる文化、さまざまな、文化があるけれど、今も残っているというのがすごいと思いました。
> 次は、近松門左衛門のことについて調べようと思います。

　調べたことをもとにして，最後には文化の意味についても言及しています。

私は仮説が抽象的で「文化が発達した時代」や、「室町に比べて文化が広がった」と書いていたのであまり仮説の具体的な追究はできていません。（していません。）全部調べればわかってくると思います。今日は、全部の教科書をしっかりみて、追究してしっかり深く掘れるように土台を作りました。あとは、人形浄瑠璃が残っています。人形浄瑠璃は今まで室町の時も触れているので早く終わると思うので、比較を主にしつつ深掘りも進めていきたいです。また、航路、街道、町人文化、政治も見たいし、日本と外国も見たいです。なのでしっかり深く集中していきたいなと思いました！！

　この子は「全部調べればわかってくると思います」と書いているように，まずは具体的な事実をとことん追究していくというスタイルです。

仮説①の追究
江戸時代は約260年間も続き、鎖国をしていて、他の時代と比べて平和であったのと、為政者などの権力者が文化を保護し、文化や学問が栄えたと僕は考えました。実際、江戸時代は飢饉などもありましたが、本当に平和で安定していた時代でした。その要因の一つは鎖国、キリスト教信者による反乱を防ぎ、幕府が貿易の利益を独占、外国からの攻撃などもないため、幕府側も非常に安定していた。街の人々も自由に商売ができるようになり、街の人々も充実した生活がほとんどの人ができていました。江戸時代に栄えたのは、歌舞伎や人形浄瑠璃、浮世絵などです。これが生まれたのは、やはり平和で自由だったことが大きいようです。しかし、文化を保護するような権力者はおらず、街の人々中心で文化が栄えたそうです。学問の方は、徳川家綱の代から「寺子屋」という学校のようなものに子供を通わせ、積極的に教育を行っていました。なので、学問においては仮説は正しいと言えます。
課題
「歴史にドキリ」などのとにかく動画に頼ってしまっていたので、教科書なども使いながら、人に教えられるくらいに深く理解したいです。

　自分がたてた仮説について正しかった部分とそうでなかった部分を分析しています。

> ふり返り
> 今回の授業で歌川広重のことを通して自分の仮
> 説について調べました。
> 僕は今現代と江戸時代などの昔とどのような文
> 化が同じでどういう文化が変わったのかを調べ
> ていて、歌川広重の浮世絵は江戸時代の商売で一
> 人一人が自由に商売できるようになっていて、作
> るのが簡単で、効率的なものができます。庶民で
> も買える値段でした。それでいっぱい広がりま
> した。今でも浮世絵は海外から注目されるアー
> トになっています。僕も見たことがあります。
> 次は現代と違う文化を調べていきたいです。

　現代とのつながりを意識しながら追究しています。自分の経験とも絡めな
がら書くことができています。

第4時

　追究の3時間目です。

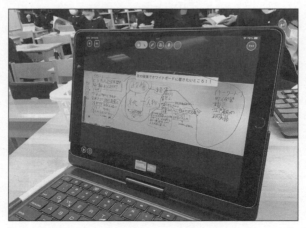

　この子は，「次の授業でホワイトボードに書きたいところ‼」とメモをして
おいて，次の授業に臨もうとしていました。

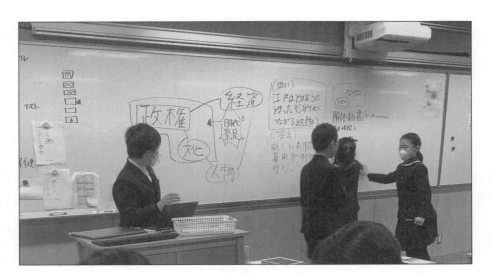

複数で相談しながらホワイトボードに書いています。

　この子は，ホワイトボードに書かれた内容をじっと見つめてその後，自分
のキーボードを打ちはじめます。

　この子はホワイトボードに書いていた子ですが，自席に戻ってロイロで整理をしはじめました。

　最終的な板書は次の通りです。

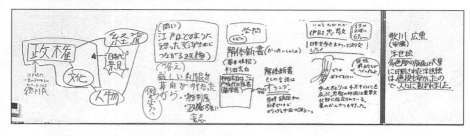

政治と文化について意識していることがわかります。
最後の５分はふり返りを書く時間です。

○本時のふり返り

> **今日の社会の授業の方法**
> ・僕がまず下の所に書いてあるものを中心にして███さんと、███さんが
> 　具体的な情報を書いてくれました。なので仮説の信憑性というかその
> 　ような納得力が増しました。でも具体的なものを調べるためには僕が
> 　大切にしているような抽象的なものを中心にする考えも必要です。最初
> 　は███さんと███さんに　「文化と政権はあまり関係ないから調べても
> 　意味がないんじゃないの？」と言われましたが、政権と文化をつなげ
> 　てより深く考えられることもできるので、ホワイトボードで知らせまし
> 　た。自分の思想は全ては伝わらないと思うけれど、これからも全てはわ
> 　からなくても一つ一つちょっとずつだけでもよりよい授業をつくってい
> 　きたいです。
> （具体的に調べたこと）
> 浮世絵とは？
> →そこからの人物
> →そこからの人物関係
> 解体新書とは？
> →そこからの人物
> →そこからの江戸時代の時代背景との関係
> 次も具体と抽象の関係を深めて授業を進めたい！！

　いつもホワイトボードに書いている子のふり返りです。常に具体と抽象を
往還させながら考えようとしています。

今日は、江戸時代の人物について追究しました。五人くらい調べた中から近松門左衛門を特に念入りに調べました。近松門左衛門は、歌舞伎や人形浄瑠璃の脚本家です。実際にあった事件を元に作品を作り人々から人気を集めたそうです。近松門左衛門の曽根崎心中は今でも歌舞伎で上演されているそうです。受け継がれているのはとても良いなと思いました。また、近松門左衛門のアイデアがとても興味深いなと思いました。現代まで受け継がれているという点が室町文化と江戸文化の似ている点だなと思いました。次に、杉田玄白について深く調べました。杉田玄白は、江戸時代の医者で解体新書を書いた人です。解体新書をつくったことで日本に大きな影響を与えました。人体の解剖をして説明していた人は、厳しく差別されていた人たちで、室町文化の時と同じようにそういう人たちの技術や知識が文化や学問を支えてくれていると思いました。

杉田玄白は、教科書にあまり情報がなくて困っていましたが、ホワイトボードに███さんと███さんが詳しく書いてくれていたのでとても助かりました。みんなで、情報を共有するのはとても良いことだなと思いました。

今日は、沢山の人物を一遍に調べてしまい、少し内容が浅くなってしまいました。次からは、沢山の人物を一遍に調べても内容が浅くならないスキルを身につけていきたいなと思いました。次は、動画を活用しようかなと思います。

　共有されたホワイトボードの情報から学びを得ています。自分の学び方についてもふり返ることができています。

> 仮説②の追究
> 仮説②は、「文化や学問を支えるような政策があったから文化や学問が栄えた」でした。江戸時代の代表的な政策は「鎖国」です。平安時代の遣唐使停止のように、他国の文化などの影響をあまり受けないので、日本の文化が発展しました。他には、上下関係を大切にする「朱子学」を武士に学ばせたりしていました。なので仮説②は正しいと言えます。
> その後、蘭学や国学が生まれ、幕府に対する批判が出てきました。ここは一つのポイントになってくると思います。仮説③の「学問の内容によって世の中に与えた影響はきっと違う」を追究していこうと思います。
> 成果
> 教科書などの正しい情報を知ることができた。

　一つひとつの仮説を検証し，次の見通しをたてながら学んでいます。

　追究の4時間目です。この時間は，新型コロナウイルス感染症による学年閉鎖となり，オンライン授業となりました。

　オンラインにおける個別の時間と協働の時間を工夫します。協働的に学びを進めるために，次の3点を意識しました。

・ロイロの「共有ノート」
・Zoom の「チャット」
・ロイロの提出箱の「共有機能」

　例えば，次のように「共有ノート」をつくって同時作業をしています。

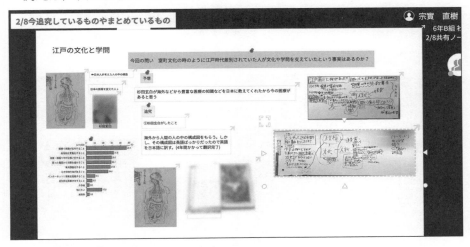

　教室のホワイトボードを使って共有している感じです。
　Zoom の「チャット」では次のような感じです。

　ロイロの提出箱に自分が調べたものを随時提出し，「共有機能」で全員が見られるようにしました。

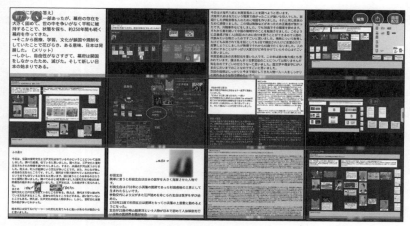

　この時間の最後に「家でも同じように追究は進みましたか？」と子どもたちに訊きました。学校にいる時と同じように集中できて捗ったという子もいれば，いまいちだったという子もいます。多くの子が教室と同じようにできたようです。普段やっていることの場所が変わっただけという感覚なのかもしれません。

単元のまとめとふり返りの時間です。

　単元のまとめは自分がたてた「単元の問い」に対する答えを書きます。単元のふり返りは，単元全体の学びのふり返りを行います。学習内容のふり返りと学習方法のふり返りです。

○単元のまとめ（例1）

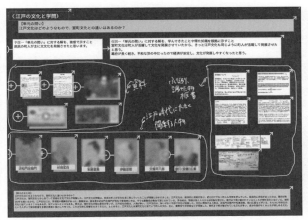

〈子どものふり返り〉

　江戸文化はどのようなもので，室町文化と違いはあるのか？

　江戸文化は，室町文化と少し似ていて自由な文化で文化が発展した。江戸文化の特徴は，庶民の町人が文化を主に育んでいったことだとわかりました。江戸文化は，経済的に余裕があり，武士だけでなく町人も学問を学んでいた。経済的に余裕があったのは，幕府が約260年も続いたから。江戸文化には，浮世絵や歌舞伎があった。歌舞伎は，脚本家の近松門左衛門が有名で曽根崎心中は，今でも歌舞伎の舞台で演じられている。浮世絵は，物価が安く人々から好印象を受けた。現代まで受け継がれているところが室町文化と似ている。室町文化と似ているところもあるが，似ていないところもある。例えば，室町文化の絵は景色が多いが，江戸文化の絵は，人物が多い。江戸文化は，争いがなく平和で文化が発展した。文化に関係する人物は，近松門左衛門や

松尾芭蕉，歌川広重などがいる。ちなみに杉田玄白という人がいて解体新書を多数の医者と協力して作った。これが日本に影響を大きく与えた。まとめると，江戸文化とは室町文化と似ていて町人の文化。主に，歌舞伎や浮世絵などが発展した。現代まで受け継がれている文化が多い。身分の差がなくみんなが楽しめる文化。

○単元のまとめ（例２）

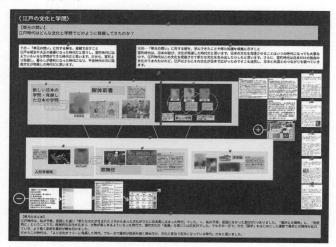

〈子どものふり返り〉

　江戸時代は，私が予想，仮説した通り「新たな文化が生まれたり元からあった文化がさらに日本風に広まった時代」でした。＋（プラス），私の予想，仮説になかった部分が２つありました。「幕府との関係」と，「庶民的に」ということです。庶民的な文化が広まり，大勢が楽しめるようになった時代で，室町文化の「高貴」な感じとは正反対でした。でもその一方で，文化「国学」をはじめとした運動で幕府との関係も乱れていき，より強く庶民を幕府が締め付けました。

　だからこの時代は，「より文化がフリーに発展した時代。でも一方で幕府が庶民を強く締め付け，文化と政治で反対になっている時代」だなと思いました。

○単元のまとめ（例３）

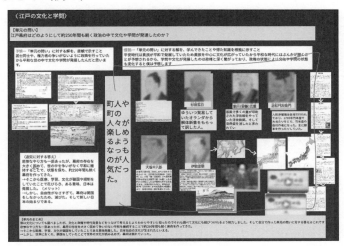

〈子どものふり返り〉

　僕は文化についても調べましたが，文化と政権や時代背景などをつなげて考えるとよりわかりやすいと知ったのでそれも調べて文化にも結びつけれるよう努力しました。そして自分で作った単元の問いに対する答えはこれです。

　悲惨なやり方も一部あったが，幕府の存在を大きく固めて争いのない平和を継続することで約260年間も続く幕府を作ってきた。

→そこから医療，学習，文化が鎖国をしていたことである意味発展した。日本独自の文化が生まれたと言える。

→しかし，世界におくれ，鎖国をしていたことで世界の文化が読み込めず，幕府は崩れていった。

○単元のふり返り

　ふり返る際に，次のような視点を与えました。室町文化の学習の時は，一つひとつの視点に対してふり返るようにしました。今回は，これらの視点を踏まえてまとめてふり返るようにしました。

学習内容のふり返り

	ふり返りの視点	ふり返る時に意識する点（例）
1	「単元の問い」を追究できたか	「単元の問い」は仮説をもとにして解決できたか。 「目に見えるもの（事実）」と「目に見えないもの（意味や特色）」を整理し、理解できているか。
2	「自分の問い」を追究できたか	自分の「問い」を持ち、仮説をもとにして解決することができたか。どのような「問い」が解決できたか。

学習方法のふり返り

	ふり返りの視点	ふり返る時に意識する点（例）
1	「問い」のつくり方はどうだったか	「単元の問い」を常に意識し、自分の「問い」を持つことができたか。 「問い」の解決に適した仮説を設定し、検証することができたか。
2	追究の方法はどうだったか	「目に見えるもの（事実）」をどこからどのように集めることができたか。それは必要な情報だったか。 「目に見えないもの（意味や特色）」を見出すことはできたか。「なぜ?」の問いを自分でつくれたか。 次に追究学習する時はどのような点に気をつければよいのか。
3	協働的に学べたか	仲間と共に効果的に学習できたか。 どのような学びを得ることができたか。
4	自分の学び方はどうだったか	自分に適した学び方は見つけられたか。 それはどのような学び方か。

○フィードバック
　子どもたちのふり返りに対するフィードバックとして，次のようなチェックシートを入れました。

【先生から】

□単元の「問い」と仮説を立てることができたか

□仮説をもとにした追究ができたか

□目に見えないものを追究できたか

□今まで学んだ知識を使えたか

□協働的に学びを分かち合えたか

□単元として必要な知識を十分に獲得できたか

□自己評価（メタ認知）ができたか

□自分の課題を見つけることができたか

　自身のふり返りに対する他者からの評価を得て，自分のふり返りの精度を上げていくことが考えられます。
　教師のチェックは，ふり返りの記述内容はもちろん，普段の学習の様子，毎時間のふり返り等を総合してつけています。概ね達成できているものにチェックをつけます。チェックの上に○をつけているものは，さらにこの点を強化していけば深い学びにつながるということを示しています。○のみのものは，次に学習する時に気をつけ，努力すればよい点を示しています。つまり，できているかどうかのチェックと共に，子どもへの「願い」をこめています。子どもの変容と成長を願っての「先生から」の項目です。このチェックの方法は昭和学院中学校の大廣光文氏よりアイデアをいただきました。

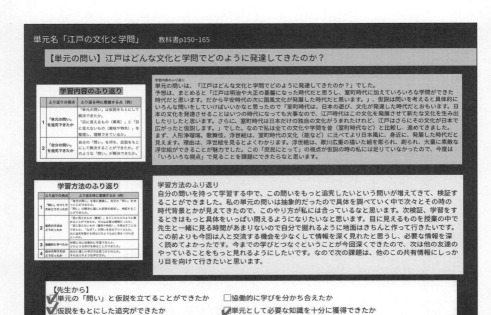

単元名「江戸の文化と学問」　　教科書p150~165

【単元の問い】江戸はどんな文化と学問でどのように発達してきたのか？

学習内容のふり返り

	ふり返りの視点	ふり返る時に意識する点（例）
1	「単元の問い」を追究できたか	「単元の問い」は仮説をもとにして解決できているか。 「目に見えるもの（事実）」と「目に見えないもの（意味や特色）」を整理し、理解できている。
2	「自分の問い」を追究できたか	自分の「問い」を持ち、仮説をもとにして解決することができたか、どのような「問い」が解決できたか。

学習内容のふり返り
単元の問いは、「江戸はどんな文化と学問でどのように発達してきたのか？」でした。予想は、まとめると「江戸は明治や大正の基盤になった時代だと思うし、室町時代に加えていろいろな学問ができた時代だと思います。だから平安時代の次に国風文化が発展した時代だと思います。」、仮説は問いを考えると具体的にいろんな問いをしていけばいいかなと思ったので「室町時代は、日本の遊び、文化が発達した時代だとおもいます。日本の文化を発達させることはいつの時代になっても大事なので、江戸時代はこの文化を発展させて新たな文化を生み出したりしたと思います。さらに、室町時代は日本だけの独自の文化がうまれたけれど、江戸はさらにその文化が日本で広がったと仮説です。」でした。なので私は全ての文化や学問を昔（室町時代など）と比較し、進めてきました。まず、人形浄瑠璃、歌舞伎、浮世絵は、室町時代の文化（能など）に比べてより日本風に、身近に、発展した時代だと見えます。理由は、浮世絵を見るとよくわかります。浮世絵は、歌川広重の描いた絵を彫られ、刷られ、大量に素敵な浮世絵ができることが魅力でした。この「庶民にとって」の視点が仮説の時の私には足りていなかったので、今度は「いろいろな視点」で見ることを課題にできたらなと思います。

学習方法のふり返り

	ふり返りの視点	ふり返る時に意識する点（例）
1	「問い」のつくり方はどうだったか	「単元の問い」を常に意識し、自分の「問い」を持つことにどうだったか。「問い」の解決に適した仮説を設定し、検証することができたか。
2	追究の方法はどうだったか	「目に見えるもの（事実）」をどこからどのように集めることができたか、それらが適切な情報だったか。「目に見えないもの（意味や特色）」を見出すことはできたか、「なぜか」や問い・自分なりの根拠をもとに、「目に見えないもの」を説明できているか。次に追究する手段はどのような点が身につけば良いのか。
3	協働的に学べたか	仲間と知り合って学習できたか、どのような学び合いをすることができたか。
4	自分の学び方はどうだったか	自分の学びがどのように深められたか、それはどのような学び方か。

学習方法のふり返り
自分の問いを持って学習する中で、この問いをもっと追究したいという問いが増えてきて、検証することができました。私の単元の問いは抽象的だったので具体を調べていく中で次々とその時の時代背景とかが見えてきたので、このやり方が私には合っているなと思います。次検証、学習をするときはもっと具体をいっぱい問えるようになりたいなと思います。目に見えるものを授業の中で先生と一緒に見る時間があまりないので自分で掘れるように地面はきちんと作って行きたいです。この前よりも今回は人と交流する機会を少なくして情報を深く見れたと思うし、必要な情報を深く読めてよかったです。今までの学びとつなぐということが今回深くできたので、次は他の友達のやっていることをもっと見れるようにしたいです。なので次の課題は、他のこの共有情報にしっかり目を向けて行きたいと思います。

【先生から】
☑単元の「問い」と仮説を立てることができたか　　□協働的に学びを分かち合えたか
☑仮説をもとにした追究ができたか　　☑単元として必要な知識を十分に獲得できたか
☑目に見えないものを追究できたか　　☑自己評価（メタ認知）ができたか
☑今まで学んだ知識を使えたか　　☑自分の課題を見つけることができたか

　この子は常に比較しながら大きな視点を持って学習を進めていました。室町文化の学習と比べて，個別で学習を進めることが多くなりました。一つひとつの具体的事象を深く掘り下げていくことの楽しさを感じているようです。「『庶民にとって』の視点が仮説の時の私には足りていなかったので」と，自分の課題も記しています。きっと，次回に追究する時は，様々な立場から多角的に事象を追究していくことが想像できます。

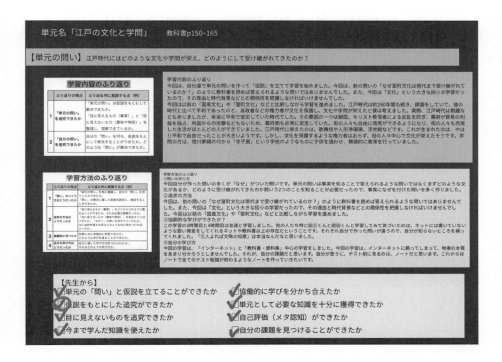

単元名「江戸の文化と学問」　　教科書p150~165

【単元の問い】　江戸時代にはどのような文化や学問が栄え、どのようにして受け継がれてきたのか？

学習内容のふり返り

	ふり返りの観点	ふり返る時に意識する点（例）
1	「単元の問い」を追究できたか	「単元の問い」は仮説をもとにして解決できた。「目に見えるもの（事実）」と「目に見えないもの（意味や特色）」を整理し、理解できているか。
2	「自分の問い」を追究できたか	自分の「問い」を持ち、仮説をもとにして解決することができたか。どのような「問い」が解決できたか。

学習内容のふり返り
今回は、自分で単元の問いを作って「仮説」を立てて学習を始めました。今回は、前の問いの「なぜ室町文化は現代まで受け継がれているのか？」のように教科書を読めば答えられるような問いではありませんでした。また、今回は「文化」という大きな括りの学習だったので、その理由と時代背景などとの関係性を把握しなければいけませんでした。
今回は以前の「国風文化」や「室町文化」などと比較しながら学習を進めました。江戸時代は約260年間も続き、鎖国をしていて、他の時代と比べて平和であったのと、為政者などの権力者が文化を保護し、文化や学問が栄えました。実際、江戸時代は飢饉などもありましたが、本当に平和で安定していた時代でした。その要因の一つは鎖国、キリスト教信者による反乱を防ぎ、幕府が貿易の利益を独占し、外国からの攻撃などもないため、幕府側も非常に安定していた。街の人々も自由に商売ができるようになり、街の人々も充実した生活がほとんどの人ができていました。江戸時代に栄えたのは、歌舞伎や人形浄瑠璃、浮世絵などです。これが生まれたのは、やはり平和で自由だったことが大きいようです。しかし、文化を保護するような権力者はおらず、街の人々中心で文化が栄えたそうです。学問の方は、徳川家綱の代から「寺子屋」という学校のようなものに子供を通わせ、積極的に教育を行っていました。

学習方法のふり返り

	ふり返りの観点	ふり返る時に意識する点（例）
1	「問い」のつくり方はどうだったか	「単元の問い」を常に意識し、自分の「問い」をつくれていたか。「問い」の解決に通じる仮説を設定し、検証することができたか。
2	追究の方法はどうだったか	「目に見えるもの（事実）」をどこからどのように調べることができたか、それは必要な資料だったか、「目に見えないもの（意味や特色）」を追究するための方法は適切だったか。「なぜ」の追究の仕方はよかったか。追究する中で新たな気付きや問いはあったか。
3	協働的に学べたか	どのように友達と協働して学習できたか。どのような学びを得ることができたか。
4	自分の学び方はどうだったか	自分に適した学び方は何であったか。それはどのような学び方か。

学習方法のふり返り
①問いの作り方
今回自分が作った問いの多くが「なぜ」がついた問いです。単元の問いは事実を知ることで答えられるような問いではなくまずどのような文化があるか、全体像を知ることの2つのことを知ることが必要だったため、事実になぜを付けた問いを多く作りました。
②追究の方法
今回は、前の問いの「なぜ室町文化は現代まで受け継がれているのか？」のように教科書を読めば答えられるような問いではありませんでした。また、今回は「文化」という大きな括りの学習だったので、その理由と時代背景などとの関係性を把握しなければいけませんでした。今回は以前の「国風文化」や「室町文化」などと比較しながら学習を進めました。
③協働的な学びができたか
この学習の3時間目と4時間目は友達と学習しました。他の人たち特に⬛⬛くんと⬛⬛くんと学習してみて気づいたのは、ネットには書いていないような良い発見をしてくれるネットや教科書以上の存在だということです。それぞれ自分で作った問いが違うので、自分が知らないところを補ってくれました。「三人よれば文殊の知恵」は本当なんだなと思いました。
④自分の学び方
今回の学習は、「インターネット」と「教科書・資料集」中心の学習をしました。今回の学習は、インターネットに頼ってしまって、物事の本質をあまり分かろうとしませんでした。それが、自分の課題だと思います。自分が思うに、テスト前に見るのは、ノートだと思います。これからはノートで全てのテスト勉強が終わるようなノートを作っていきたいです。

【先生から】
☑ 単元の「問い」と仮説を立てることができたか
◎ 仮説をもとにした追究ができたか
☑ 目に見えないものを追究できたか
☑ 今まで学んだ知識を使えたか
☑ 協働的に学びを分かち合えたか
☑ 単元として必要な知識を十分に獲得できたか
☑ 自己評価（メタ認知）ができたか
☑ 自分の課題を見つけることができたか

　この子はバランスよく学びを進めていました。自分の仮説を追究し、必要な時に友達に訊いたり問い合ったりしながら共有していました。常に時代背景と、その時に起きた出来事を結びつけようと考えていました。よりよい仮説をつくり、追究していくモデルとなることを願い、「仮説をもとにした追究ができたか」の項目に〇をつけています。

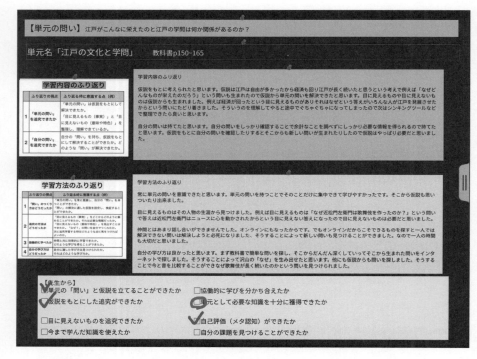

【単元の問い】江戸がこんなに栄えたのと江戸の学問は何か関係があるのか？

単元名「江戸の文化と学問」　　教科書p150~165

学習内容のふり返り

ふり返りの視点	ふり返る時に意識する点（例）
1 「単元の問い」を追究できたか	「単元の問い」は仮説をもとにして解決できたか。 「目に見えるもの（事実）」と「目に見えないもの（意味や特色）」を整理し、理解できているか。
2 「自分の問い」を追究できたか	自分の「問い」を持ち、仮説をもとにして解決することができたか。どのような「問い」が解決できたか。

学習内容のふり返り

仮説をもとに考えられたと思います。仮説は自由が多かったから経済も回り江戸が長く続いたと思うという考えで例えば「なぜどんなものが栄えたのだろう」という問いも生まれたので仮説から単元の問いを解決できたと思います。目に見えるものや目に見えないものは仮説からも生まれました。例えば経済が困ったという目に見えるものがありそれはなぜという答えはいろんな人が江戸を発展させたからという問いにたどり着きました。そういうのを理解してやると途中でぐちゃぐちゃになってしまったので次はシンキングツールなどで整理できたら良いと思います。

自分の問いは持てたと思います。自分の問いをしっかり確認することで余計なことを調べずにしっかり必要な情報を得られるので持てたと思います。仮説をもとに自分の問いを確認したりするとそこからも新しい問いが生まれたりしたので仮説はやっぱり必要だと思いました。

学習方法のふり返り

ふり返りの視点	ふり返る時に意識する点（例）
1 「問い」のつくり方はどうだったか	「単元の問い」を常に意識し、自分の「問い」を持つことができたか。 「問い」の解決に向けた仮説を設定し、検証することができたか。
2 追究の方法はどうだったか	「目に見えるもの（事実）」をもとにそのようになる理由や意味「目に見えない意味や特徴」を考えることはできたか。「なぜ？」の問いを自分でつくれたか。次に追究学習する時はどのように問いを見つければよいのか。
3 協働的に学べたか	仲間と共に効果的に学習できたか。どのような学び方を得ることができたか。
4 自分の学び方はどうだったか	自分の学び方は良かったと思う。それはどのような学び方か。

学習方法のふり返り

常に単元の問いを意識できたと思います。単元の問いを持つことでそのことだけに集中できて学びやすかったです。そこから仮説も思いついたり出来ました。

目に見えるものはその人物の生涯から見つけました。例えば目に見えるものは「なぜ近松門左衛門は歌舞伎を作ったのか？」という問いで答えは近松門左衛門はニュースに心を動かされたからという目に見えない答えになったので目に見えないものは必要だと思いました。

仲間とはあまり話し合いができませんでした。オンラインにもなったからです。でもオンラインだからこそできるものを探すと一人では解決できない問いは解決しようと必死になりました。そうすることによって新しい問いも見つけることができました。なので一人の時間も大切だと思いました。

自分の学び方は良かったと思います。まず教科書で簡単な問いを探し、そこからだんだん深くいってそこから生まれた問いをインターネットで探しました。そうすることによって沢山の「なぜ」を生み出せたと思います。他にも仮説からも問いを探しました。そうすることで今と昔を比較することができなぜ歌舞伎が長く続いたのかという問いを見つけられました。

【先生から】
- ☑ 単元の「問い」と仮説を立てることができたか
- ☑ 仮説をもとにした追究ができたか
- ☐ 目に見えないものを追究できたか
- ☐ 今まで学んだ知識を使えたか
- ☐ 協働的に学びを分かち合えたか
- ☑ 単元として必要な知識を十分に獲得できたか
- ☑ 自己評価（メタ認知）ができたか
- ☐ 自分の課題を見つけることができたか

　この子は，何となく調べてはいるけれども，得た情報をうまくまとめるまでには至っていませんでした。自分が整理する時の難しさを感じ，次に追究する時はシンキングツールを有効に使おうと考えています。次回の学びの際にどのようにまとめているのかを見ていきたいと考えています。

○テキストマイニング

　テキストマイニング（大量の文章データから，有益な情報を取り出すことの総称）の方法を教えていただき，ふり返りをテキストマイニングしてみました。

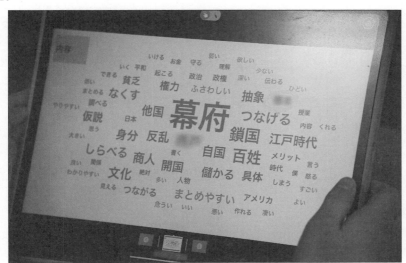

　例えば，「学習内容のふり返り」は次のようになりました。

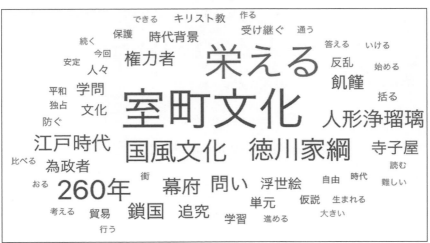

できる 持つ 深い 新しい
言う 考えにくい ていたい 時代 安い 楽しい
学べる 良い 一番 思う 縛る よい
影響 日本地図 治める つながり 生まれる
娯楽 及ぼす 人々 僕 江戸時代
いい 悪い 知る 江戸 追究 仮説 大名 見れる
詳しい 浮世絵 言葉
調べる 大体
暮らし 問い 庶民 蘭学 単元 歌舞伎
難しい 多い 物 日本 地図
わかる いく 作る いろいろ すごい
正しい 幕府 江戸幕府 伊能忠敬 いける
感じる
低い 文化 見える 政治 キリスト教 考える 考え 高い
飽きる 美しい
素晴らしい 長い 使う 少ない

「学習方法のふり返り」は次のようになりました。

事実
進める 人気 調べる 庶民 ▓▓
予想 文化 僕 一気 江戸時代 栄える 段階
良い いく 焦点
見える 学べる 日本 貿易 浮世絵
深める 外国 追究 検証 思う
思いつく 協働 学ぶ 仮説 安い 単元 考える 増える
適す 作り方 設立 できる 着く
沢山 意識 作れる
にも 独自 着目 初め
問い 室町時代 立てる 辿る
近づく 関わり 日本の文化 答え
買える 当てる いい

　それぞれの子が何を中心に，どのような方法で追究したのかがよくわかります。分析されたものを見るだけでも気づきがあります。

　例えば，
・何を中心に知識として獲得ができたのか
・単元を通して獲得する知識として不足していたものが何なのか
・だれと協働的に学びを深めることができたのか
・何を意識しながら追究することができたのか
などです。

　その後，
・テキストマイニングと比べながらひたすら自分のふり返りを確認している子
・同じ文言が出てきた者同士で対話している子
・ロイロの共有機能でみんなのマイニングを見比べている子
など，様々な子どもの姿が見られました。

テキストマイニングした後の行為が重要だと感じました。
テキストマイニングに関するふり返りもしました。

テキストマイニング
今日は6時間目にテキストマイニングを使って学習をしました。僕は、「室町文化」と「問い」が真ん中に出てきました。テキストマイニングを使うと自分の足りないことがわかるのでこれからも活用していきたいと思います。

今日マイニングツールを初めて使った
けれど、これは私たちの学びを深める
ツールになってくれると思いました。
例えば、今日やったように学びの振り
返りを分析することです。私が考えた
のは、初めの感想と終わりの感想を常
に書くようにして、その文字の出てく
る回数などを比較することです。そう
したらもっと学びが深まると思いま
す。

＜2022/02/15のふりかえり＞
今日は、テキストマイニングをしてみて、もっと授
業とかで活用できると思いました。
例えば、教科書なんかもテキストマイニングすれ
ば、一番使われている言葉がわかって、作者の言い
たいことがわかりやすいと思いました。
これからも、iPadを授業などで有効活用していきた
いです。

あと
23日

「自分の足りないことがわかる」

「はじめとおわりでの比較」

「教科書テキストのマイニング」

なるほどと思いました。

「別の単元を学習する時に，単元のはじめと学習後のテキストマイニングをくらべてみたい」など，子どもたちからもアイデアがどんどん出てきます。

他教科，例えば国語の物語文の初発の感想と，学習後のふり返りとを比べてみることもしました。

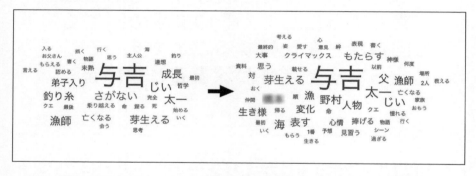

書かれている内容だけでなく，語彙の量も変化していることがわかります。

テキストマイニングをすること自体が大切なのではなく，それを通して何が見えるか，何を見ようとするかが大切です。つまり，何を目的にテキストマイニングという手段を使うかを考えることが重要です。

122

＜マイニングの結果から分析した学び＞
初発の感想とまとめは、与吉じいさが、主に中心になって
いて、私は、与吉じいさは、初発の感想の時にも、まとめ
でも、太一の人生に最も影響を与えた人だと思ったので、
与吉じいさの言葉がたくさん出てきていたのだと思いま
す。
なぜかというと、教科書に、太一が家族を作った後に、
1000匹に1匹でいいという言葉が出てきていて、それは、
与吉じいさが最初に言った言葉なので、太一が、村一番の
潜り漁師となっても、その言葉を忘れなかったということ
は、与吉じいさの存在が印象にのこっていると解釈できる
ので、私は、与吉じいさというワードがよく出てきたのだ
と思います。
これからも、テキストマイニングで、ふりかえりの、ビ
フォーアフターをしていきたいです。

　様々なツールを使いながら，子どもたち自身で自分の学びを深めてほしい
ものです。

○子どもの学びメモ
　このように，子どもの学びは一人ひとり違います。その違いを把握すると
共に，次回の学びがどのように展開，発展していくのかを期待することがで
きます。
　単元のふり返りを見る際，私は次のようにメモをするようにしています。
・○○さん…シンキングツールでのまとめ
・○○さん…協働的に学ぼうとしているか
・○○さん…見えないものを意識して調べているか
・○○さん…前時との比較
　これらの記録をもとに一人ひとりの子どもに声かけすることで，自分の学

びをよりよくしようとする子どもの姿を励ますことができます。

　子どもの学びはつながっています。学びを常にアップデートさせようとしている子どもの姿を支える役目を教師が担いたいものです。

3 ｜ 「社会科×個別最適な学び」成功のポイント

❶単元の問い

　今回は自分たちで「単元の問い」をたてることにしました。いわゆる「課題設定学習」です。ただ，何でもよしにせず，「単元の問い」が単元としてのねらいにたどりつけるかどうかの確認を一人ひとりしました。十分でない問いはアドバイスをしたり促したりをしました。

　例えば，次のような感じです。

> C 「江戸の文化はだれがつくったのか？」
>
> T 「だれがつくったのかだけだったら，人の名前が出て終わっちゃうよね」
>
> C 「そうか，じゃあ，だれがどんな文化をつくったのか？」
>
> T 「おお，いいね。どんな文化なのか，その特色を調べることは必須ですね。室町文化の時と同じようにも考えてみたらどう？」
>
> C 「ああ，今まで受け継がれてきている文化があるかないかということか」
>
> T 「そうそう，その視点もあったら追究しがいがありそうだね」
>
> C 「じゃあ，『江戸時代では，だれがどのような文化をつくり，どのようにして今まで受け継がれているのだろう』にしてみます」

　今回は，文化史というテーマで，前回の室町文化での追究とつなげて考えることができると想定していました。ですから，「前回の室町文化を追究した時と同じように考えるとどう？」というアドバイスがしやすかったです。このように，同じテーマでつなげて学習すると，子どもたちは視点や知識を適用しやすくなり，つなげて考えることができるようになります。

❷仮説をたてること

　岩田一彦（1993）は，

「予想の学習過程で働く思考と仮説の過程で働く思考とは違っている」

と述べています。予想の過程では直感的思考が働き，仮説の過程では分析的思考が働くと説明しています。

　また，予想から仮説を設定する方法として「予想を分類，整理して仮説にしていく過程」を紹介しています。

　例えば，次のような方法です。

　「どのようにして１日に2000台もの自動車をつくっているのだろう」という問いに対して予想をします。その予想を分類して「順序」「機械」「協力」

などの観点を決めています。
　「きっと順序を工夫して生産していると思う」
　「きっと機械を使って生産していると思う」
　「きっと協力して生産していると思う」
などが仮説になります。

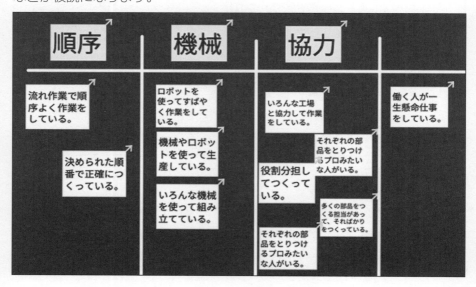

　これを岩田は「集約型」としています。その他，「予想から仮説への学習過程の類型」として，「抽出型」「追加型」を紹介しています。岩田の分類をもとに私なりに整理すると次のようになります。

①集約型…出された予想の共通点を見出し分類する方法
②抽出型…出された予想を既習事項と結びつけながらよりよいものを選び出す方法
③追加型…①で集約したものに情報を加えることで，新たなものを追加する方法

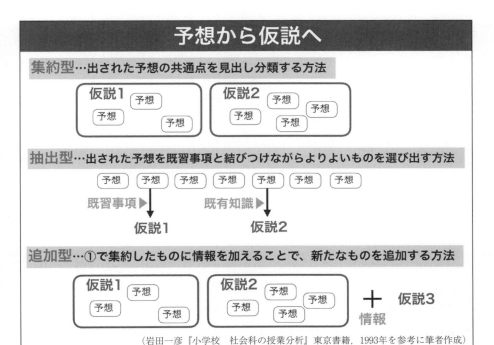

（岩田一彦『小学校　社会科の授業分析』東京書籍，1993年を参考に筆者作成）

　おそらく子どもたちが行う過程は，「集約型」「抽出型」が多くなると考えられます。

　「問い」を持ち，自分で予想し，仮説を持って追究していくことが重要だと考えました。予想から仮説へと高めていく学習過程を子どもたちが自分自身でできるようにしたいと考えます。

　実際の授業では，仮説を追究していく探究のプロセスについて子どもたちに予想と仮説の違いを次のように説明しました。

予想…「単元の問い」に対する解を，直感で示すこと

仮説…「単元の問い」に対する解を，学んできたことや得た知識を根拠
　　　に示すこと

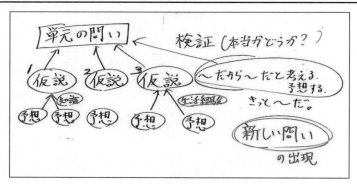

仮説の説明メモ

　「単元の問い」をたて，まずは予想をします。予想したことをもとに，既習事項などとつなげながら仮説をつくっていきます。自分がたてた仮説を一つひとつ確かめていくことで，単元の問いに対する答えが明確になっていくというプロセスを重視しました。

　例えば，

　「室町時代は，日本独自の文化が栄えたが，江戸時代では，外国からの文化も増えている。だから，外国との貿易の状態がよかったことが関係していると考えました」

と仮説をたてている子は，室町文化の時と比較したり，既に持っている知識と結びつけたりしながら予想をしています。より多くの根拠を持って関連づけながら予想している子どもの姿を価値づけることが大切です。そのためには，「根拠を示して予想している」子とそうでない子どもの発言の違いを明確に見分けられる教師の眼が必要になってきます。子どもの学びを見取る力が必要です。子どもがどのような仮説をたてることができればよしとするのか，基準を持っておくことも重要です。

仮説をたてにくい子には，

「前の学習の〇〇では〜だったから，きっと〜だ」

「〇〇では〜だから，〜だと考える」

など，既習事項とつなげる形を示すようにしました。

　子どもたちに根拠を示して予想をすることの重要性が伝われば，子どもたちは自分の問いをたて，仮説をたてた上で追究できるようになります。

　当てずっぽうではなく，根拠を示して予想することは，既習事項と結びつける思考が働きます。

　質の高い自己学習を進めるためには，「問い」をたてた後が大切です。ただ「問い」をたてればいいというわけではありません。「問い」の立てっぱなしにも注意が必要です。

❸「問い」の連続性

　問題解決学習では，１つの「問い」が解決すれば，また新しい「問い」が連続的に生じることが自然です。しかし，１つの「問い」が解決すれば，それで完結しようとする子は少なくありません。そこで，自分がたてた「問い」が解決できればまた新たな「問い」をたてていくべきだということを促しました。新たにたてた「問い」に対して自分で仮説をたてて追究することを促します。いずれ，自然と子どもたち自身でできるようになることを願っています。

　また，似ている学習内容では，「問い」をつなげていくことを意識します。今回は，文化単元ということもあり，前回の室町文化の学習での「問い」と今回の「問い」のつながりを子どもたちが意識することが重要です。

　本時の中で「問い」が連続していくこと，単元を通して「問い」が連続していくこと，単元を超えて「問い」が連続していくことを意識できるようにします。

❹概念等に関わる知識を持って追究していくこと ●━━━━━━━━━●

　その単元の概念等に関わる知識を獲得することが重要です。

　例えば，今回の文化単元では，室町文化の学習で獲得した，

・その時代背景に応じた特色ある文化が発展している

・様々な方法で現代まで文化が継承されている

・文化の発展には，経済力のある人が芸能・文化に積極的に関与したことや，
　差別されてきた人の技術が生かされてきたことがある

などです。

　これまでに獲得した概念等に関わる知識を活用しながら，追究していくことが重要です。「追究する眼鏡」（概念等に関わる知識）をかけながら事象を見ていくという感じです。それをくり返すことで概念的等に関わる知識自体もどんどんクリアに，豊かになっていきます。このように考えると，学年のはじめとおわりとでは，「追究する眼鏡」の色や大きさ，深さも違ってきます。その違いを子どもたちに感じさせる時間も確保したいものです。

❺文化単元をつなげて考える ●━━━━━━━━━●

　上記の「『問い』の連続性」にもつながります。文化の学習を比較したりつなげたりしながら学習することで，より確かな知識を獲得し，豊かにしていくことができます。

　社会科において，どの学年でも意識したいことです。例えば，次の図のように同じテーマをつなげて学習することで，得た知識や見方・考え方をより豊かに，汎用的性の高いものにすることができます。

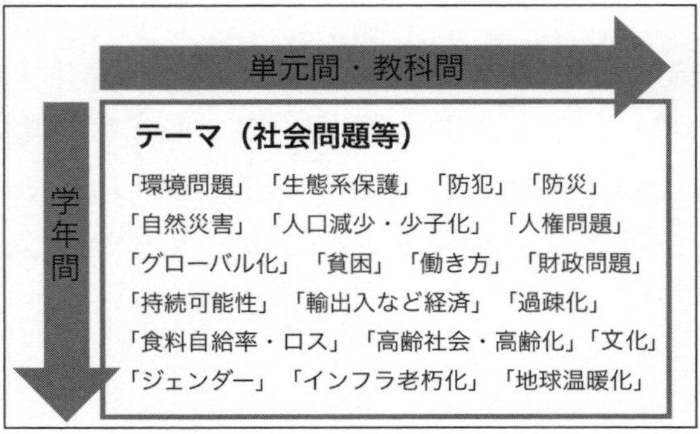

単元間・教科間 →
テーマ（社会問題等）
「環境問題」「生態系保護」「防犯」「防災」
「自然災害」「人口減少・少子化」「人権問題」
「グローバル化」「貧困」「働き方」「財政問題」
「持続可能性」「輸出入など経済」「過疎化」
「食料自給率・ロス」「高齢社会・高齢化」「文化」
「ジェンダー」「インフラ老朽化」「地球温暖化」

学年間 ↓

❻自己調整

　与えられた時間内でどれだけできるか，自分で調整しながら学習を進める力をつけてほしいものです。どのペースで，どれくらいの量を追究できるかなども含めて，自分で見通しを持って学習を進めることです。

　子どもたちが見通しを持つために，教師は本単元でどれくらいの時間があるのかを最初に提示することが必要です。

　自分で目標を持って粘り強く追究し続ける力は，非認知能力と密接な関係があります（OECD は社会情動的スキルと呼ぶ）。

　詳細は別冊の〈理論編〉pp.148〜をご覧ください。

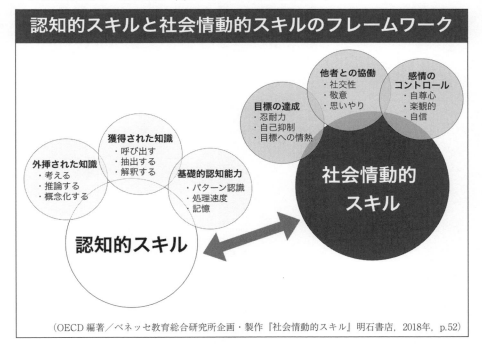

認知的スキルと社会情動的スキルのフレームワーク

（OECD 編著／ベネッセ教育総合研究所企画・製作『社会情動的スキル』明石書店，2018年，p.52）

❼自己評価

　客観的な他者評価によって，自己評価の妥当性を高めていけるようにします。他者評価を自分自身を高めるための手段と捉えられるようにします。こ

のような経験を繰り返し，子どもたちが前向きな自己評価を行えるようにすることが重要です。評価活動自体を子どもたちが学習する必要があります。よりよい自己評価を通して子どもたちは自信を高め，よりよい学びを自分で進めていけるようになります。自己評価については，別冊の〈理論編〉pp.143〜をご覧ください。

　時間と環境を与え，適した支援があれば，子どもたちは学習指導要領上に明記された内容をどの子も獲得できることを実感しました。それから一歩先へ導く教師の働きかけが重要になると考えています。

〈参考資料〉
・岩田一彦（1993）『小学校　社会科の授業分析』東京書籍
・宗實直樹（2021）『宗實直樹の社会科授業デザイン』東洋館出版社
・長岡文雄（1972）『考えあう授業』黎明書房
・岡﨑誠司 編著（2018）『社会科授業 4 タイプから仮説吟味学習へ 「主体的・対話的で深い学び」の実現』風間書房
・前田康裕（2021）『まんがで知るデジタルの学び』さくら社
・経済協力開発機構（OECD）著／無藤隆，秋田喜代美 監修／ベネッセ教育総合研究所 編集（2018）『社会情動的スキル 学びに向かう力』明石書店

自律的な学習者を育てる手立てと教師の役割

自律的な学習者を育てる手立てと
教師の役割

1 │ 通常の一斉授業と自由度の高い自己決定的な学習

　今回，３つの実践を紹介しました。１年間のすべてをこのような自由度の高い自己決定的な学習で進めているわけではありません。通常の一斉授業，またはそれぞれをミックスしたような授業など，その時々です。割合で言えば，通常の一斉授業が８割，自己決定的な学習が２割ぐらいでしょうか。そして，どちらが大切というものではなく，どちらも大切です。

　例えば，次頁図の下向きの矢印のように，８割の一斉授業の中で見方・考え方や学び方を共有し，２割の自ら学ぶ授業の中で子ども自らが生かすというスタイルが考えられます。一斉授業で獲得したものを個別の学習に生かすという感じです。

　逆に，上向きの矢印の考え方も重要です。自由度の高い自己決定的な授業では，子どもが一人ひとりの「学びの文脈」（状況やつながり）を大切にしながら学びます。そうすることで，一人ひとりの子どもが自分自身の「学びの文脈」を大切にしながら，通常の一斉授業に参加するようになります。この視点はとても大切なので，上向きの矢印をより意識して授業デザインをすることが今後必要になってくるでしょう。

　つまり，どちらのタイプの授業も経験し，繰り返すことで子どもの学びが豊かになると考えます。教師が柔軟な授業スタイルを持つことの重要性が感じられます。

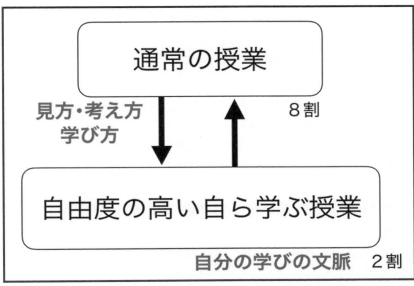

2 | 自律的な学習者を育てるポイント

　自己決定的な学習を通して考えたことは，いかにして自律的な学習者を育てるかということです。

　別冊の〈理論編〉のpp.126〜でも示した通り，自律的に学習者を育むために，まず教師が次の4点を意識することが重要だと考えます（詳細は〈理論編〉をご覧ください）。

①問題解決的な学習の中にあるポイントを1つひとつ確認すること

②少しずつ指導の度合いを減らしていくこと

③選択・決定する機会を設けること

④自己調整できる機会を設けること

3 | 「問題解決的な学習」の中で自律的な学習者を育てる

　社会科の「問題解決的な学習」において自律的な学びを進めるには，次の3点が重要だと考えました。

> 1　「問い」を自分のものにし，仮説をたてること
> 2　追究していく中で，目には見えない意味や特色を見出すこと
> 3　自分の学びの跡を俯瞰し，自己評価すること

❶「問い」を自分のものにし，仮説をたてること ●━━━━━━━━━●

①子どもを「問える者」にする

　青木幹勇（1966）は，『よい発問わるい発問』の中で，「発問を教師だけのものにしない」と題して，「子どもも発問者にする。教師も応答者の側に回る」と述べています。

　子どもが教師の発問で動く受け身の学習ではなく，個別学習の時は自分自身に自問し，協働学習では「問い」を出し合いながら自分たちで調整していくような学習です。教師の発問は，子どもたちを「問える者」にするためのきっかけとして行います。

　50年以上前からされていたこの発想を生かした授業づくりを再度考えていかなければいけないと感じています。子どもたちは，自らの「問い」を持ってはじめて追究を進めることができます。

②仮説をたてる

　「問い」を持った後，自分で予想し，仮説をたてます。予想から仮説へと高めていく学習過程を子ども自身でできるようにすることが重要です。仮説のたて方については本書 pp.125〜で詳述しています。ご参照ください。

　子どもが仮説をたて，仮説を検証していく体制を子ども自身でできるように教師は支援していきます。子どもたちが自律的な学びを進める第一歩となります。

❷追究していく中で，目には見えない意味や特色を見出すこと　●━━━━━●

①「問い」と知識の関係性

　「問い」と「仮説」を持った子どもたちは追究をはじめ，追究する中でま
た新たな「問い」が生じます。しかし，子どもたちがその中で見出すものは，
目に見える事実が多くなります。

○社会的な見方・考え方を働かせて「問い」を設けているか

○「目には見えない意味や特色」を意識できているか

が，追究する際に重要になります。

　次のような表を用いて整理します。

類型	社会的な見方（視点）			獲得できる知識
	位置や空間的な広がり	時期や時間の経過	事象や人々の相互関係	
知るための問い When Where Who What How	どこで広がったのか どのように広がっているのか	何が変わったのか どのように変わってきたのか	だれが生産しているのか どのような工夫があるのか	事実的知識
分かるための問い Why (How) (What)	なぜこの場所に広がっているのか	なぜ変わっているのか	なぜ協力することが必要なのか	概念的知識
関わるための問い Which	さらにこの場所に広げるべきだろうか	どのように変わっていくべきなのだろうか	共に協力する上でAとBとどちらが必要だろうか	価値的・判断的知識

（澤井陽介，加藤寿朗 編著『見方・考え方　社会科編』東洋館出版社，2017年を参考に著者作成）

　問いによって，子どもたちが獲得できる知識が変わってきます。「知るた
めの問い」は，事実的知識を獲得できます。「分かるための問い」と「関わ
るための問い」は，目には見えない概念的知識や価値的・判断的知識を獲得
できます。これらが「目には見えない意味や特色」だと考えます。

　どのような視点からどのような「問い」が設けられ，どのような知識を獲
得できるのかを，まずは教師が把握することが重要です。

次に，「問い」に関する子どものふり返りを紹介します。

> 私の問いは、「なぜ」「どのように」「どのような」などがかなり多いなと思いました。2学期に振り返った『問い』。その振り返りに書いた「授業中に問いをあんまり考えられていない」ということに3学期は気をつけて授業を受けることができたので、そこは良かったなと思いました。6年生になっても、見える問いと見えない問いを大事にしていきたいです。

> 5年生の社会科の授業では、見える問いはもちろんのこと、見えない問いを特に大事にしてきたなと思います。
> 人々の目には見えない工夫や努力などをたくさん見つけることができました。6年生になっても、"問い"を大切に社会の授業を受けていきます。

②子どもたちに手渡す

　今まで教師が手にしていたものを子どもたちに手渡していく発想が必要です。

　前ページのような「問い」の分類表は，教師が持つだけでなく，子ども自身が持つ必要があります。子どもが使えてはじめて意味があります。次の写真のように，子ども用に変えたものをデータで送信します。子どもたちは，今後追究する時に常にこの表を持って学習を進めるようにします。そうする

ことで，子どもたちは自分で問い，社会科の本質としての「目には見えない意味や特色」を自分で獲得していけるようになります。常に「問い」を意識しながら追究することが重要です。

③自覚的に明記できるようにする

少し見えにくいですが，次の単元表（単元の流れを一覧で表したもの）の右上に「問いの分類表」を置いています。そして，自分で見出した「目に見えない意味や特色」を赤のカードに明記しています。「問いの分類表」を常に意識することで，子どもが「目に見えない意味や特色」を自覚的に明記するようになります。

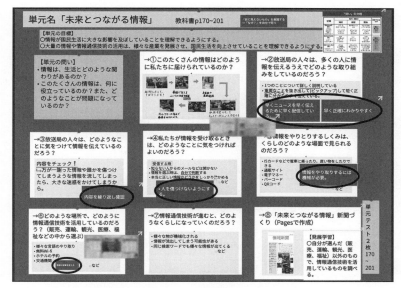

❸自分の学びの跡を俯瞰し，自己評価すること

別冊の〈理論編〉でも述べたように，評価について，教える側の視点だけでなく，学ぶ側からの視点も必要です。自分自身を客観的に主体的に評価し，自らの問題として吟味できるようにします。

自己評価を機能させるためには，子どもたちが学習成果を自分自身のものとして引き受けるための場と，そのための手だてを用意する必要があります。

また，外的評価の受け止め方の指導も必要になってきます。子どもたちが自らの学習に関する事実をどのように受け止め，どのような形で次につなげ

ていくのかを指導していくということです。

①自己評価としてのふり返り

　単元末のふり返りを重視します。例えば，本書 p.114のように，「学習内容」と「学習方法」について，観点ごとにふり返ります。

　自分が足りなかった部分や，自分に合っている方法などを自己評価としてふり返ります。

②自己評価に対する評価

　次の図は，子どもたちが項目ごとに自己評価をしています。項目があるので，端的に明確に自己評価を行うことができます。

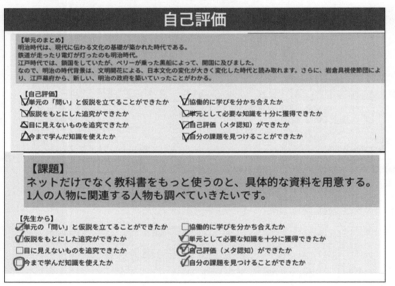

　評価は，「個人内絶対評価」を基本とし，教師の評価を副次的なものとするべきです。ただ，教師は子どもが行った自己評価に対する評価を行い，その妥当性を明示するべきです。子どもは，自分の自己評価と教師の評価の差異を吟味し，さらに自分の学びをふり返ります。「やっぱり見えないものを

見出すのが不十分だったな」「協働的な学びは学ぶ相手が偏っていたかもしれないな」などです。これをくり返すことで，子どもの自己評価の質と妥当性も向上すると考えます。

　教師が評価するためには，教師の明確な基準が必要であると共に，教師の教材研究が欠かせません。

③学びを自分のものにする

　子どもたちが「自己評価」をすることによって，学習を自分のもの，自分のこととして自覚することができます。そこから自分の学びを客観的に捉え，自己調整しながら学びを進めることができるようになります。

　「『個』の自己評価力を高めること」「子どもの自己評価に対する評価を教師が行うこと」。これが自律的に学ぶ子どもを育てるポイントとなります。

④「逞しさ」を身につける

　子どもたちには，自分の成長と共に，自分の課題にも気づけるようになってほしいと考えています。そして，自分の課題にしっかりと向き合える逞しさを持ってほしいです。その逞しさこそが，自分の学びを自分で進めていく原動力になると感じています。

　以上３点が，社会科も「問題解決的な学習」を通して，本質を押さえながら自律的な学びを進めるポイントだと考えます。

4 ｜ 教師の役割

　自律的な学習者を育むための教師の役割について考えました。子どもたちが学ぶ場所や学ぶ媒体を選択し，自由に学びを進めている際に教師は何をしているのかということです。例えば，本書 pp.16〜の「自由選択的な学習モデル」では，私は次のようなことを行いました。

①学習の流れと方法を伝える

　自己決定的な学習を行う際，はじめにどこまで委ねるのかを明確に示す必要があります。簡単に言えば，「していいこと」と「してはだめなこと」「配慮すること」を子どもたちに説明するということです。

　例えば，以下のような感じです。

・席を離れて自分の好きな場所で学んでもいい

・ホワイトボードに自由に書いてもいい

・iPad を自由に使っていい

・音声を聞く時は必ずイヤホンをする

・人に話しかける時はその子の学んでいる様子をよく見てから話しかける

・友達と相談したりする時は声の大きさに気をつける

・最後の5分は席に戻ってふり返りを書く

②問いを決める

　子どもたちがロイロに提出したそれぞれの問いを事前に私が眺めて，子ど

もたちがより関心をもっているものを取りあげて提案しています。毎時間，全員で追究するべき大きな問いとして子どもと相談しながら設定しました。そうすることで，本単元で学んでほしい学習内容から大きく外れることがないと考えました。

　本書 pp.82〜の「課題設定的な学習モデル」では，私が問いを決めることはしていません。自分で決めた「単元の問い」をもとに，自分で下位の問いや仮説をもって調べるようにしました。段階的に教師が出る場面を少なくするように意識しました。

③ふり返りの視点を決める

　社会科として大切にしたい内容と，その子の学び方，その子らしい表現があらわれるように書く視点を決めました。

④全体と個人を見取る

　子どもが独自に学んでいる際，様々な活動や子ども同士のやり取りが行われています。まずは全体の様子や雰囲気を見ます。全体の写真や動画を自身の iPad で撮ることが多いです。後から子どもの学びを分析する時に大いに役立ちます。

　また，子どもたち一人ひとりがどのような調べ方で，どのような内容を調べているのかを見るようにします。

　「この子はなぜこの内容を調べているのか？」

　「この子はなぜこの調べ方なのか？」

と常に考えながら子どもの姿とふり返りなどの表現物を見るようにします。すると，その子その子の調べ方の個性が見えるようになります。ひたすら個人で調べて必要な時に人に訊きに行く子，常に人と対話しながら学びを進める子，様々な姿が見えてきます。子どもの学び方に変化が起きる瞬間がいつどこにあるのかという視点を持って見ていくことで，子どもの姿を捉えやすくなります。

子どもの学びを見て得た気づきがある時，「直接この子に促すのか」「全体で共有するのか」「そのまま見守るのか」を瞬時に考えます。見取ったその子の学びをどのようにつなげていくのか，その子の願いや全体の学びの様子と見合わせながら考える必要があります。教師が出るべきか，見守るべきか，総合的に考えて判断しています。

　もう一つ気をつけていたことは，私の存在をできるだけ子どもとフラットな状態にするということです。子どもと共に追究し，子どもと共におもしろがるような関係でいることが，子どもが自然体で主体的に学びを進める条件のように感じています。

　自由度の高い子ども主体の授業であるからこそ，その子の学びが成立する最後まで，責任を持つことを大切にしたいです。それが，子どもに寄り添うということだと考えています。

5 ｜ 授業 UD と UDL

　授業のユニバーサルデザイン（以下，授業 UD）と学びのユニバーサルデザイン（以下，UDL）の違いや共通点について，次頁の図のようにまとめました（UDL については，別冊の〈理論編〉の pp.112〜でも論じています。ご参照ください）。

授業UDとUDL

	授業UD	UDL (学びのユニバーサルデザイン)
定義	特別な支援が必要な子を含めて、通常学級におけるすべての子が楽しく学び合い「わかる・できる」ことを目指す授業デザイン	人間がどのように学習するかについての科学的洞察に基づいて、すべての人々の教育と学習を改善および最適化するためのフレームワーク
考え方	授業でのバリアを生じさせる発達障害のある子の特徴を踏まえた授業デザインを考える	カリキュラムにおけるバリア（障害）を踏まえた学習デザインを考える
スタンス	伝統的な教科教育法を基盤とし、そこに特別支援教育の考え方を取り入れることで、全ての子どもが「楽しく、わかる、できる」授業を作ろうとする	認知科学(脳機能)に基づく学習理論と学習過程を基盤とし、学習者の状態とニーズに応じた学習カリキュラム（ゴール、方法・手段、教材、評価）それ自体を検討しようとする
目標	「授業の哲学の形成」と「教師の授業力の向上」	「学習者主体の学習」と「学びのエキスパート」の育成
方法	一斉授業の中で指導可能な支援の手だてを考えて授業デザインする	多様な学習者に対して、学び方や教材などの様々なオプションを準備する
共通点	すべての子どもの学びやすさを考えている点	

授業UD学会HP　http://udjapan.org
バーンズ亀山静子「UDLとは何か」『指導と評価・第66号2月号』日本図書文化協会，2020年
花熊曉「ユニバーサルデザインの学級・授業づくりの意義と課題」『社会問題研究・第67巻』2018年を参考に筆者作成

　私は，社会科授業UD研究会に所属し，実践と研究を進めてきました。今回，個別最適な学びを考える上で，UDLの発想も取り入れながら実践しました。そこから考えたことを以下に記します。

　一斉授業を基本とするUDの授業と学習者主体のUDLの授業とは，上図の違いと共に，重なる部分が必ず出てきます。その一つが「すべての子どもの学びやすさを考え，すべての子どもの学習権を保障する」という「理念」です。この重なる部分は大切な部分であると共に，あいまいになりやすい部分だとも感じます。2つが混ざり合う「あいまいゾーン」とも言えます。

この「あいまいゾーン」の捉え方一つで「個別最適な学び」のあり方が大きく変わってくるのではないかと考えます。例えば，学習者主体の授業になると，「教師の出番がなくなる」「教師の発問がなくなる」「教師の板

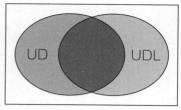

書がなくなる」などと言われます。しかし，そんなことはありません。比重は変わってきますが，「いるかいらないか」「なくなるかなくならないか」など，この思考が二項対立的になってしまっていると感じます。

　ですから，この混ざり合う「あいまいゾーン」をより柔軟に認めていくことが，よりよく「個別最適な学び」を進めていく一つのポイントになると考えます。

◇授業 UD の研究領域
　小貫（2020）は，「当面の授業 UD 研究は『技法論』『展開論』『内容論』『形態論』からなると考えている」と述べます。

　社会科授業 UD 研究会では，「技法論」「展開論」を中心に研究，実践を行い，全員参加・理解の社会科授業を目指しています。「技法論」は，いわゆる「焦点化」「共有化」「視覚化」等，授業の局面において全員参加・理解を促す技法の工夫のことです。「展開論」は，子どもが見通しを持って学習に臨めるように，1 時間の授業や単元を通した授業展開を「問い」を中心に構造化することです。詳細は，『実践！社会科授業のユニバーサルデザイン　展開と技法』をご参照ください。「内容論」は，教科の指導内容を明確にし，教科の系統性の中で，どことつながり，どこに向かうべきなのかを明確に意識することです。そして「形態論」。ここが，様々な選択肢（オプション）を子どもが選択できるという UDL の発想を含む領域となります。つまり，授業 UD の取り組みの中にも UDL のオプション的な発想があるということです。

　「技法論」「展開論」「内容論」「形態論」と共に，私がさらに考えるべきだ

と感じているものの一つが「教材論」です。この「教材論」は，すべての研究領域に関わります。

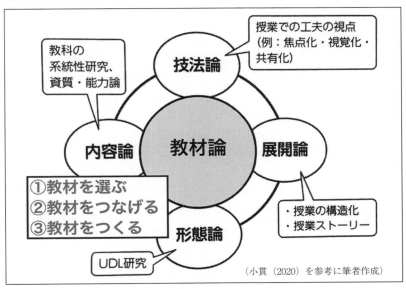

（小貫（2020）を参考に筆者作成）

個別最適な学びを進めるにあたって，

①教材を選ぶ
②教材をつなげる
③教材をつくる

この3つが重要だと考えています。

①教材を選ぶ

　子どもたちが自ら学びを進めやすい教材は，それぞれの教科やそれぞれの単元の中で必ずあります。個別最適な学びを進めやすい教材を教師が選び，どの教材のどの部分で子どもたちが自ら学習を進める授業にするかを考えることが重要です。

②教材をつなげる

　系統性が明確にある教材があります。例えば，５年生の地形の学習（低地の海津市や高地の嬬恋村）や気候の学習（暖かい土地の沖縄と寒い土地の北海道）は，事例は違いますが，同じ構造をした教材です。６年生の室町文化や江戸文化など，文化的教材も同じことが言えます。このように，系統性が明確で構造が似ている教材を比べたりつなげたりすることで，どの教材が個別最適な学びを進めるのに適しているのかが見えやすくなります。

③教材をつくる

　教材がおもしろければ子どもはワクワクし，知的好奇心を揺さぶられます。この「知的好奇心」が，子どもが学ぶ原動力になるので，それを引き出す教材化を進めることも重要だと考えます。教材に関して感じたことは別冊の〈理論編〉pp.106〜にも記しています。「教材化」に関しては，『社会科教材の追究』をぜひご参照ください。

　個別最適な学びを進めるには，やはり「教材」の力は大きいと感じています。

6 ｜ 一人の子のストーリーを追う

　別冊の〈理論編〉で記しましたが，私はこの２年間一人の子を中心に記録し，その子の具体的な姿や学びを追ってきました。そうすることで多くのことが見えてきました。

　その子の癖。

　その子の思考方法。

　その子のものの見方。

　その子の他者とのつながり方。

　その子のこだわり。

　大げさかも知れませんが，その子の生き方そのものが見えてくるという感じです。

長岡文雄（1983）は，次のように述べます。

　「授業は，〈この子〉のために行うものである。〈この子〉にとって必要なことを企画するのである。ただし，『必要なこと』というと，教師は，とかく，『子どもを偉くするために必要』と意気ごんで，〈この子〉に，無理なことを要求しがちである。それは，『〈この子〉にとって必要なこと』というものをとらえる力が弱いからである。その『必要なこと』というのは，『〈この子〉が，今生きている体制』によって決まるのである。『〈この子〉が何に行きづまっているか，自己を，どう破ろうとしているか』ということから，『〈この子〉の必要としている授業』『〈この子〉に教師が手伝う必要のある授業』が決まってくる。『よりよく生きる』こと，『自己変革』することを求めて，子どもも教師も，問題解決に当たるのが授業である。そこに学習法の深化はある」

　長岡の言う〈この子〉の学びのストーリーを追い，多面的に〈この子〉のエピソードを語ることが，個別最適な学びの本質を捉えることにつながると感じています。今回，このあたりは誌面の都合上詳しく言及できていないので，また別の機会に論じたいと考えています。

〈参考資料〉
・青木幹勇（1966）『よい発問わるい発問』明治図書
・宗實直樹（2021）『宗實直樹の社会科授業デザイン』東洋館出版社
・宗實直樹，椎井慎太郎（2022）『GIGA スクール構想で変える！１人１台端末時代の社会授業づくり』明治図書
・桂聖，石塚謙二，廣瀬由美子，小貫悟 他，一般社団法人　日本授業 UD 学会 編著（2020）『授業のユニバーサルデザイン Vol.12』
・村田辰明 編著／社会科授業 UD 研究会 著（2019）『実践！社会科授業のユニバーサルデザイン　展開と技法』東洋館出版社
・佐藤正寿 監修／宗實直樹 編著／石元周作，中村祐哉，近江祐一 著（2022）『社会科教材の追究』東洋館出版社
・長岡文雄（1983）『〈この子〉の拓く学習法』黎明書房

おわりに

　福沢諭吉は、『学問のすすめ』の中で次のように記しています。

「議論上において明らかに見込みがあればこれを試さざるべからず。

　未だ試みずして先ずその成否を疑う者は、これを勇者と言うべからず」

とにかくやってみること。やる前から、あれこれ言わないこと。やってみてから考える。考えながらやってみる。本書は、そうやって編まれた「挑戦の書」であると共に、「試行錯誤の書」です。子どもと相談し、子どもに訊きながら共に進めた実践でもあります。

　本書に記した子どもの自己決定的な学習では、教師が前に立って進めることはほとんどありません。このような学習形態にした時、「先生は楽になっていいよね」とある子に言われました。しかし実際は逆でした。今までよりも、子どもの論理に沿いながら学習を進めることになりました。そのため、子どもの動きをよく見なければいけません。子どもの表現物をより見なければいけません。これを本気ですることは、決して楽なことではありません。子どもを見る眼が育たなければいけないことを痛感しました。

　また、他の子がこんなことを言いました。「私たちが自分で授業を創るってことは、私たちの未来を創ることだ」と。その時は何となく聞いていた言葉ですが、自分たちで授業を創るという感覚、それを未来につなげようとする感覚は、これからの子どもたちに必要な感覚なのかもしれません。こなすのではなく、自ら創る。正に創造的に未来を切り拓いていく姿です。このような姿を間近で支えられる教師の仕事は、やはり幸せな仕事です。

　ちょうどこの「おわりに」を書いている最中、大津市坂本町に穴太衆の石垣を見に行きました。今村翔吾氏の小説、『塞王の楯』の影響です。石工である穴太衆の石積みは、「野面積」という方法を得意としています。「野面積」は、ほとんど加工されていない自然石を積み上げていきます。使用され

ている石は形も大きさもバラバラです。外見は粗野ですが，強堅な石垣となります。実際に足を運んでその石垣を見てきました。大小様々な石が並んでいますが，それぞれが支え合って全体を成り立たせています。それぞれの石に個性があり，まとまった美しさを感じました。個別最適な学びも同じようなイメージがします。個別最適な学びは「個別」という文字が前面に出てくる感じがしますが，やはりみんなで支え合いがあり，その中でこそ，個人の力が発揮されます。そして，その個人の力をみんなのために生かす。結果的に全員がよくなり，みんなが幸せになり，世の中がよくなることにつながります。

今回も明治図書出版の及川誠様，杉浦佐和子様にお世話になりました。お二人にお世話になって上梓させていただくのは今回で4冊目です。特に今回の書籍は，2冊分の膨大な量の原稿の編集，校正を丁寧にしていただきました。何度も加筆修正を繰り返し，その都度よりよくなるように工面してくださいました。心より感謝いたします。

「当たり前のことを当たり前に」という言葉があります。教師にとって当たり前にしなければいけないことは何でしょうか。子どもの成長を願い，子どもの幸せを願うことです。子どもと共にいて，子どもと共にくらすことでその成長を近くで見ることができます。もちろん子どもの10年，20年先を見据えて我々は考えなければいけません。その難しさも十分に感じています。「個別最適な学び」を考えることは，その子の未来について考えることかもしれません。子どもの未来を見据えた実践を続けていきたいです。子どもの幸せを願いつつ。

宗實　直樹

【著者紹介】

宗實　直樹（むねざね　なおき）

関西学院初等部教諭。授業研究会「山の麓の会」代表。
1977年兵庫県姫路市夢前町に生まれる。
大学では芸術系美術分野を専攻し，美学と絵画（油彩）を中心
に学ぶ。卒業論文は「ファッションの人間学」。大学卒業後，
兵庫県姫路市の公立小学校，瀬戸内海に浮かぶ島の小学校を経
て，2015年より現任校へ。
主著に『宗實直樹の社会科授業デザイン』（東洋館出版社），
『社会科の「つまずき」指導術』『深い学びに導く社会科新発問
パターン集』『1人1台端末で変える！学級づくり365日の
ICT活用術』（以上，明治図書），共著に『歴史人物エピソー
ドからつくる社会科授業42＋α』『GIGAスクール構想で変え
る！1人1台端末時代の授業づくり2』『社会科授業がもっと
楽しくなる仕掛け術』『GIGAスクール構想で変える！1人1
台端末時代の社会授業づくり』（以上，明治図書）など。『社会
科教育』（明治図書）を中心に論文多数。
様々な場所でフィールドワークを重ね，人との出会いを通じて
独自の教材開発を進めている。社会科教育，美術科教育，特別
活動を軸に，「豊かさ」のある授業づくり，たくましくしなや
かな子どもの育成を目指して，反省的実践を繰り返す。
ブログ「社会のタネ」（https://yohhoi.hatenablog.com/）にお
いて，社会科理論や実践を中心に日々発信中。
メール：yamanofumoto2012@gmail.com

社会科「個別最適な学び」授業デザイン　実践編

2023年1月初版第1刷刊　©著　者　宗　實　直　樹
　　　　　発行者　藤　原　光　政
　　　　　発行所　明治図書出版株式会社
　　　　　　　　http://www.meijitosho.co.jp
　　　　　（企画）及川　誠（校正）杉浦佐和子
〒114-0023　東京都北区滝野川7-46-1
振替00160-5-151318　電話03(5907)6703
ご注文窓口　電話03(5907)6668

＊検印省略　　　　組版所　中　央　美　版

Printed in Japan　　　　　ISBN978-4-18-333226-4
もれなくクーポンがもらえる！読者アンケートはこちらから →